职业教育精品教材·汽车系列

新能源汽车概论

（修订本）

主 编 李 凯 王 健

北京交通大学出版社

·北京·

内 容 简 介

本书从新能源汽车的概念讲起，由浅入深、循序渐进地介绍了新能源汽车的发展与技术，阐述了电动汽车企业和典型车型。具体内容包括：第一章介绍了新能源汽车的基本概念和发展，第二章至第四章分别分析了纯电动汽车、混合动力汽车和燃料电池电动汽车的结构和原理，第五章分析了新能源汽车的共性技术及国家标准，第六章介绍了其他新能源汽车，第七章介绍了车身轻量化。

本书可作为中等职业院校汽车相关专业的教材，也可作为相关专业工程技术人员和管理人员的培训教材和参考资料。

版权所有，侵权必究。

图书在版编目（CIP）数据

新能源汽车概论／李凯，王健主编. —修订本. —北京：北京交通大学出版社，2018.2
（2023.8 修订）

ISBN 978-7-5121-2437-0

Ⅰ.①新… Ⅱ.①李… ②王… Ⅲ.①新能源-汽车-概论 Ⅳ.①U469.7

中国版本图书馆 CIP 数据核字（2017）第 239496 号

新能源汽车概论
XINNENGYUAN QICHE GAILUN

责任编辑：龙嫚嫚　付丽婷

出版发行：北京交通大学出版社　　　　电话：010-51686414　　http://www.bjtup.com.cn
地　　址：北京市海淀区高粱桥斜街 44 号　邮编：100044
印 刷 者：北京虎彩文化传播有限公司
经　　销：全国新华书店
开　　本：185 mm×260 mm　　印张：9　　字数：225 千字
版 印 次：2022 年 9 月第 1 版第 1 次修订　2023 年 8 月第 3 次印刷
定　　价：49.80 元

本书如有质量问题，请向北京交通大学出版社质监组反映。对您的意见和批评，我们表示欢迎和感谢。
投诉电话：010-51686043，51686008；传真：010-62225406；E-mail：press@bjtu.edu.cn。

本书编写成员

主　编　李　凯　王　健

副主编　梁秀霞　刘志强　张爱华　张灵芝

参　编　解志强　孙华成　冯少盛　刘明明
　　　　　李玉英　屈开涛　赖少辉

主　审　孟繁营

前　　言

　　经济的飞速发展和人口的激增，导致了能源的需求量日益增大，能源危机的形势越来越严峻，伴随能源危机的环境问题也日益突出。汽车工业作为能源消耗和环境污染的重要源面临严峻的挑战。

　　新能源汽车不仅代表着环保趋势的总体要求，也代表各种汽车行业新技术的不断释放。在国家政策的引导和各方努力下，新能源汽车在研发推广、技术水平等方面取得明显成效。

　　中国新能源汽车产业始于 21 世纪初。2001 年，新能源汽车研究项目被列入国家"十五"期间的 863 重大科技课题，并规划了以汽油车为起点，向氢动力车目标挺进的战略。"十一五"以来，中国提出"节能和新能源汽车"战略，政府高度关注新能源汽车的研发和产业化。各大汽车品牌追逐市场趋势，推出新能源汽车，带动产业链。2020 年新能源汽车销量有望超过 200 万辆，动力电池需求近 70 GW·h，市场空间超千亿元人民币，2016—2020 年 CAGR 将达到 35%。

　　新能源汽车技术发展迅速，然而由于新能源汽车结构不同于传统燃油汽车，目前大部分技术人员还不熟悉其结构，各类院校也需要相应且合适的教材与教学相匹配，因此，编者编写了此教材。

　　本书条理清晰，层次分明；图文对照，通俗易懂；形象、生动地展示了各种新能源汽车的构造和工作原理，方便教师授课和学生学习。

　　限于编者的精力和水平，书中难免有不妥或错误之处，敬请广大读者批评指正，提出修改意见，以便再版修订时改正。

编　者

2022 年 9 月

目　　录

第一章　新能源汽车的基本概念和发展 ··· 1

　　第一节　新能源汽车的定义 ··· 1
　　第二节　新能源汽车的分类 ··· 5
　　第三节　新能源汽车的历史与发展 ··· 11
　　第四节　中国新能源汽车的演进路线 ··· 18

第二章　纯电动汽车 ··· 20

　　第一节　电动汽车动力的电池技术 ··· 21
　　第二节　电动汽车的电动机技术 ··· 29
　　第三节　纯电动汽车的结构 ··· 37
　　第四节　纯电动汽车的典型车型 ··· 43

第三章　混合动力汽车 ··· 48

　　第一节　混合动力汽车的类型及其特性 ······································· 49
　　第二节　混合动力汽车的工作原理 ··· 56
　　第三节　混合动力汽车的安全要求 ··· 67

第四章　燃料电池电动汽车 ··· 72

　　第一节　燃料电池电动汽车的类型及其特性 ··································· 73
　　第二节　燃料电池电动汽车的工作原理 ······································· 79
　　第三节　燃料电池电动汽车的控制策略及安全措施 ····························· 84

第五章　新能源汽车的共性技术及国家标准 ······································· 88

　　第一节　新能源汽车的安全 ··· 88
　　第二节　新能源汽车的标准化 ··· 98

I

第六章　其他新能源汽车···105

第一节　天然气汽车···105

第二节　太阳能汽车···110

第三节　风力汽车··115

第四节　核能汽车··118

第七章　车身轻量化···119

第一节　车身轻量化的优势··119

第二节　车身轻量化常用的材料··124

第三节　车身轻量化的其他方法和发展趋势·····································130

参考文献···134

第一章　新能源汽车的基本概念和发展

发展低碳经济是国家大力倡导的经济发展模式，大力发展低碳产业、低碳能源和低碳技术，不仅是建设资源节约型、环境友好型社会和生态文明的重要载体，也是转变发展方式、确保能源安全、有效控制气体排放和应对国际金融危机的根本途径，更是着眼全球新一轮发展机遇、实现我国汽车产业发展和现代化发展目标的重大战略任务。大力发展新能源汽车，以电代油，减少排放，既符合中国的国情，也代表了世界汽车产业发展的方向。加速推进电动汽车产业化进程，不仅能够促进交通领域节能减排和汽车工业可持续发展，而且能够提升汽车生产制造企业的创新能力，促进汽车工业技术进步，推动汽车产业结构调整，是培养新的经济增长点和振兴我国汽车工业的重大战略举措。

第一节　新能源汽车的定义

一、汽车能源的发展

在历史长河中，人类已经经历了两次交通能源动力系统变革，每一次变革都给人类的生产和生活带来了巨大变化，同时也成就了先导国或地区的经济腾飞。第一次变革发生在18世纪60年代，以蒸汽机技术的诞生为主要标志，煤和蒸汽机使人类社会生产力获得极大的提升，开创了人类的工业经济和工业文明，从而引发了欧洲工业革命，使欧洲各国成为当时的世界经济强国。图1-1-1为第一次工业革命中的蒸汽机。

图1-1-1　第一次工业革命中的蒸汽机

第二次变革发生在19世纪70年代，石油和内燃机替代了煤和蒸汽机，使世界经济结构发生了由轻工业主导向重工业主导的转变，同时也促成了美国经济的腾飞，并把人类带入了基于石油的经济体系与物质繁荣。图 1-1-2 为福特 T 型车生产线。

图 1-1-2　福特 T 型车生产线

中国的汽车工业发展迅速，产销量不断实现新的突破，图 1-1-3 显示了中国汽车 2005—2016 年的销量。2016 年，中国全年生产汽车 2 811.9 万辆，同比增长 14.5%，销售汽车 2 802.8 万辆，同比增长 13.7%，产销量连续 8 年保持世界第一。

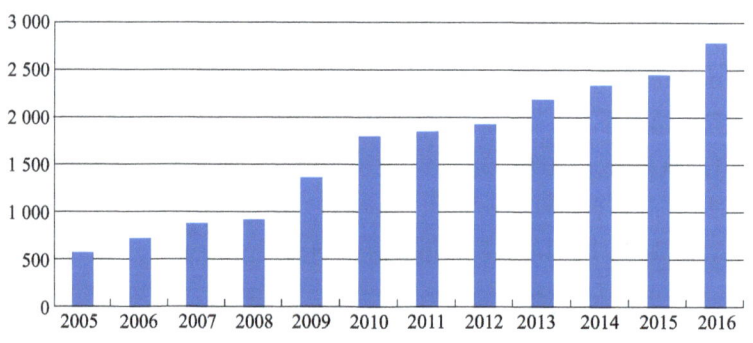

图 1-1-3　中国汽车 2005—2016 年的销量（单位：万辆）

汽车工业飞速发展的同时，中国能源需求供给的缺口也越来越大。图 1-1-4 为 1980—2035 年中国、美国、印度、欧盟能源消耗量对比，2010 年中国的能源消耗量已超越美国、印度，预计到 2040 年，中国能源消耗量上升的势头才能有所减缓。图 1-1-5 显示了 2005、2011、2020 和 2035 年中国、欧盟、印度、美国、日本石油净进口量的比较。

中国的石油资源短缺，石油进口量以每年两位数字的百分比增长，未来 10~15 年内能源缺口将达到 60%。

与此同时，燃油汽车尾气排放对大气的污染越来越严重，华北经历了非常严重的雾霾天气，图 1-1-6 为雾霾下的北京。大中城市 80% 以上的一氧化碳、40% 以上的氮氧化物和碳氢化合物的污染，以及 20%~30% 的含铅颗粒污染物均来自于机动车的尾气排放。

第一章 新能源汽车的基本概念和发展

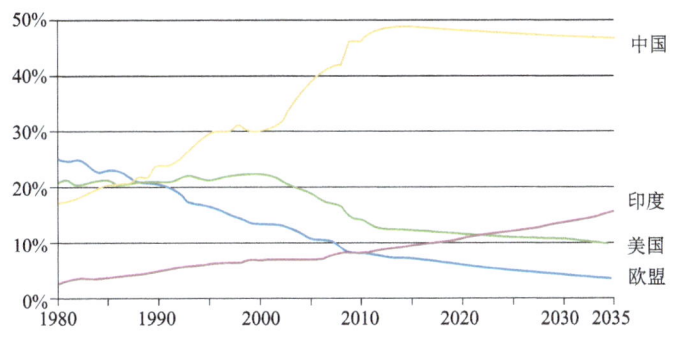

图 1-1-4　1980—2035 年中国、美国、印度、欧盟能源消耗量对比

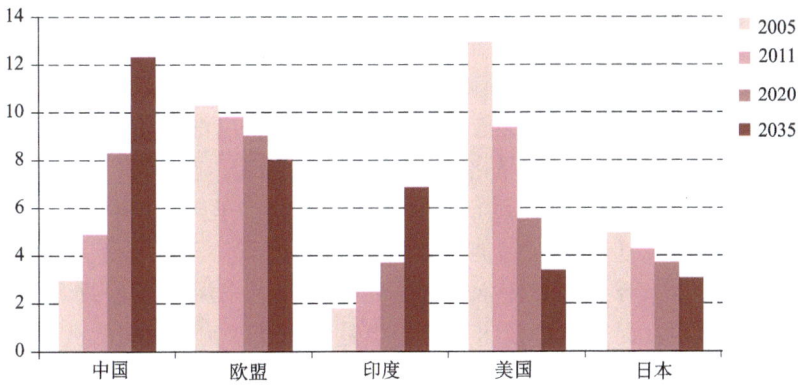

图 1-1-5　2005、2011、2020 和 2035 年中国、欧盟、印度、美国、日本石油净进口量的比较（单位：百万桶/天）

图 1-1-6　雾霾下的北京

在能源和环保的压力下，新能源汽车无疑将成为未来汽车的发展方向。如果新能源汽车得到快速发展，以 2020 年中国汽车保有量 1.4 亿辆计算，可以节约石油 3 229 万吨，替代石油 3 110 万吨，节约和替代石油共 6 339 万吨，相当于将汽车石油需求削减 22.7%。2020 年以前节约和替代石油主要依靠发展先进燃气车、混合动力汽车、电动汽车等实现。到 2030 年，新能源汽车的发展将节约石油 7 306 万吨，替代石油 9 100 万吨，节约和替代石油共

16 406万吨，相当于将汽车石油需求削减41%。届时，生物燃料、燃料电池在汽车石油替代中将发挥重要的作用。

结合中国的能源资源状况和国际汽车技术的发展趋势，预计到2025年后，中国普通汽油车占乘用车的保有量将为50%左右，而纯电动汽车、燃料电池电动汽车等新能源汽车将迅猛发展。

二、新能源汽车的定义

新能源汽车的定义在中国有一个发展变化的过程，中国新能源汽车的定义和包括的车辆类型逐渐由模糊变得清晰，同时也越来越科学、规范。

中国新能源汽车定义的演变历程如下。

根据"十五"和863计划电动汽车重大专项政策，在2001年有了电动汽车这个名词，分类包括混合动力汽车、纯电动汽车和燃料电池电动汽车。

根据"十五"和863计划节能与新能源汽车重大专项政策，在2006年有了节能与新能源汽车的名词，分类包括混合动力汽车、纯电动汽车和燃料电池电动汽车。

根据《新能源汽车生产企业及产品准入管理规则》规定，在2009年有了新能源汽车的名词，分类包括混合动力汽车、纯电动汽车（包括太阳能汽车）、燃料电池电动汽车、氢能源动力汽车、其他新能源（如高效储能器、二甲醚）汽车等产品。主要特征是采用非常规的车用燃料作为动力来源（或使用常规的车用燃料，但采用新型车载动力装置），综合车辆的动力控制和驱动方面的先进技术，生产出具有新技术、新结构的汽车。表1-1-1为新能源汽车类型。

表1-1-1 新能源汽车类型

类型		燃料	能量/燃料来源
新型燃油汽车		清洁柴油	石油
		新配方汽油（RFG）	石油
燃气汽车		液化石油气（LPG）	石油
		液化天然气（LNG）	天然气
		压缩天然气（CNG）	天然气
生物燃料汽车		生物乙醇	粮食/非粮食农作物
		生物柴油	动植物油脂
煤制醇醚汽车		煤制甲醇	煤炭
		煤制二甲醚	煤炭
电动汽车	混合动力汽车（HEV）	汽油、电	石油/电力
	纯电动汽车（BEV）	电	电力
	燃料电池电动汽车（FCEV）	氢气、电	氢/电力
	太阳能电池电动汽车	太阳能	太阳能

根据《节能与新能源汽车产业发展规划（2012—2020年）》，在2012年沿用新能源汽车的名词，分类包括插电式混合动力汽车、纯电动汽车和燃料电池电动汽车。主要特征是采

用新型动力系统，完全或主要依靠新型能源驱动。

三、中国新能源汽车的发展

2008年年底中国启动"十城千辆"节能与新能源汽车示范工程，计划自2009年起，用3年左右的时间，每年发展10个城市，每个城市推出1 000辆新能源汽车开展示范运行。2009年首先在北京、上海、重庆等13个城市展开，当时重点在公交、出租、公务、环卫和邮政等公共服务领域率先推广使用。2010年又增加了天津、厦门等12个城市为第二批、第三批试点城市。同时选择5个示范城市，开始私人购买新能源汽车补贴试点工作。图1-1-7为中国新能源汽车产业规划。

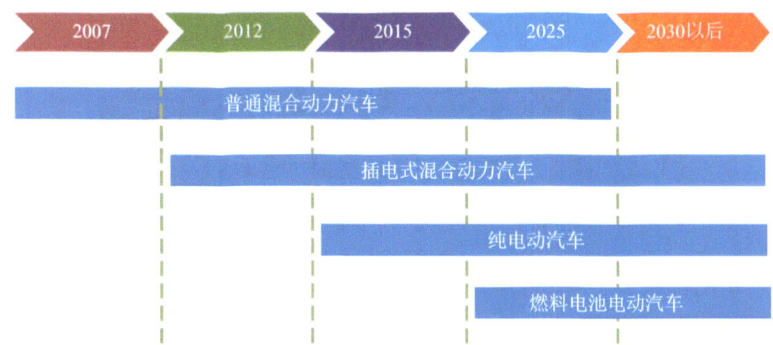

图1-1-7　中国新能源汽车产业规划

2015年上半年中国新能源汽车总销量达72 711辆，超过美国52 704辆的销量，中国已成为全球最大的新能源汽车市场。

2015年中国出台的《关于加快电动汽车充电基础设施建设的指导意见》提出，到2020年，基本建成适度超前、车桩相随、智能高效的充电基础设施体系，满足超过500万辆电动汽车的充电需求。

2016年我国新能源汽车生产51.7万辆，销售50.7万辆，比上年同期分别增长51.7%和53%。其中，纯电动汽车产销分别完成41.7万辆和40.9万辆，比上年同期分别增长63.9%和65.1%；插电式混合动力汽车产销分别完成9.9万辆和9.8万辆，比上年同期分别增长15.7%和17.1%。

第二节　新能源汽车的分类

新能源汽车是指采用非常规的车用燃料作为动力来源（或使用常规的车用燃料，但采用新型车载动力装置），综合车辆的动力控制和驱动方面的先进技术，形成的技术原理先进，具有新技术、新结构的汽车。新能源汽车包括：混合动力汽车（HEV）、纯电动汽车（BEV）、燃料电池电动汽车（FCEV）、氢能源动力汽车，以及燃气汽车、醇醚汽车等。

一、混合动力汽车

混合动力汽车是指那些采用传统燃料的，同时配以电动机/发动机系统来改善低速动力输出和燃油消耗的车型。按照燃料种类的不同，主要又可以分为汽油混合动力和柴油混合动力两种。目前国内市场上，混合动力车辆的主流都是汽油混合动力，如丰田普锐斯混合动力汽车（如图1-2-1所示）。国际市场上柴油混合动力车型发展也很快。

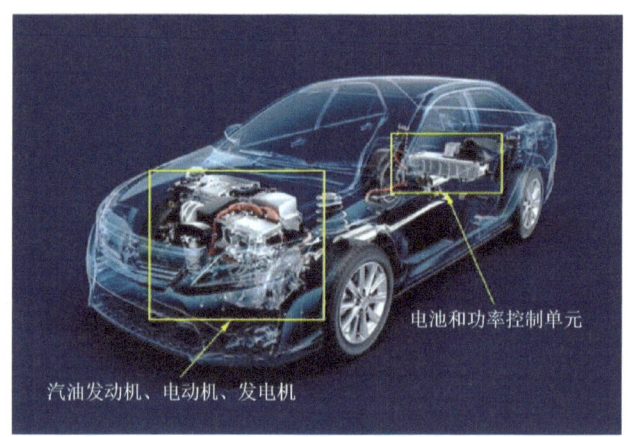

图1-2-1　丰田普锐斯混合动力汽车

混合动力汽车的优点：

（1）采用混合动力后可按平均需要的功率来确定内燃机的最大功率，此时处于油耗低、污染少的最优工况下工作。需要大功率而内燃机功率不足时，由电池来补充；负荷少时，富余的功率可发电给电池充电，由于内燃机可持续工作，电池又可以不断得到充电，故其行程和普通汽车一样。

（2）因为有了电池，可以十分方便地回收制动时、下坡时、怠速时的能量。

（3）在繁华市区，可关停内燃机，由电池单独驱动，实现"零排放"。

（4）有了内燃机可以十分方便地解决耗能大的空调、取暖、除霜等纯电动汽车遇到的难题。

（5）可以利用现有的加油站加油，不必再投资。

（6）可让电池保持在良好的工作状态，不发生过充、过放，延长其使用寿命，降低成本。

混合动力汽车的缺点：长距离高速行驶基本不能省油。

二、纯电动汽车

纯电动汽车顾名思义就是主要采用电力驱动的汽车，大部分车辆直接采用电动机驱动，有一部分车辆把电动机装在发动机舱内，也有一部分车辆直接以车轮作为四台电动机的转子，其难点在于电力储存技术。纯电动汽车本身不排放污染大气的有害气体，即使按所耗电量换算为发电厂的排放量，除硫和微粒外，其他污染物也显著减少。电厂大多远离人口密集的城市，对人类伤害较少，而且电厂是固定不动的，集中地排放、清除各种有害排放物较容易，目前也已有了相关技术。由于电力可以从多种一次能源获得，如煤、核能、水力、风力、光、热等，解除人们对石油资源日渐枯竭的担心。纯电动汽车还可以充分利用晚间用电低谷时富余的电力充电，使发电设备日夜都能被充分利用，大大提高其经济效益。有关研究表明，同样的原油经过粗炼，送至电厂发电，经充入电池，再由电池驱动汽车，其能量利用效率比经过精炼变为汽油，再经汽油机驱动汽车高，因此有利于节约能源和减少二氧化碳的排量，正是这些优点，使电动汽车的研究和应用成为汽车工业的一个热点。有专家认为，对于纯电动汽车而言，目前最大的障碍就是基础设施建设及价格影响了其产业化的进程，与混合动力汽车相比，纯电动汽车更需要基础设施的配套，而这不是一家企业所能解决的，需要各企业联合起来与当地政府部门一起建设，才会有大规模推广的机会。图 1-2-2 为北汽新能源纯电动汽车。

图 1-2-2　北汽新能源纯电动汽车

纯电动汽车的优点：技术相对简单、成熟，只要有电力供应的地方都能够充电。

纯电动汽车的缺点：目前蓄电池单位质量储存的能量太少，加之没形成经济规模，故购买价格较贵。至于使用成本，有些使用成本比传统汽车贵，有些成本仅为传统汽车的1/3，这主要取决于电池的寿命及当地的油、电价格。图 1-2-3 为常见的各种锂电池。

图 1-2-3　常见的各种锂电池

三、燃料电池电动汽车

燃料电池电动汽车是指以氢气、甲醇等为燃料，通过化学反应产生电流，依靠电动机驱动的汽车。其电池的能量是通过氢气和氧气的化学作用而产生的，而不是通过燃烧。燃料电池的化学反应过程不会产生有害产物，因此燃料电池电动汽车是无污染汽车，燃料电池的能量转换效率比内燃机要高2～3倍，因此从能源的利用和环境保护方面来看，燃料电池电动汽车是一种理想的车辆。图1-2-4为氢燃料电池电动汽车。

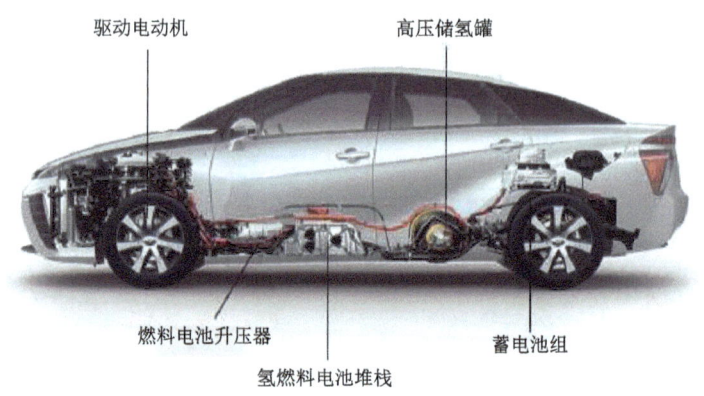

图1-2-4　氢燃料电池电动汽车

单个的燃料电池必须结合成燃料电池组，以便获得必需的动力，满足车辆使用的要求。

近几年来，燃料电池技术已经取得了重大的进展。世界著名汽车制造厂，如戴姆勒-克莱斯勒、福特、丰田和通用汽车公司已经计划将燃料电池电动汽车投向市场。目前，燃料电池轿车的样车正在进行试验，以燃料电池为动力的运输大客车在北美的几个城市中正在进行示范项目。在开发燃料电池电动汽车中仍然存在技术性挑战，如燃料电池组的一体化，提高商业化电动汽车燃料处理器和辅助部件，各汽车制造厂都在朝着集成部件和减少部件成本的方向努力，并已取得了显著的进步。

与传统汽车相比，燃料电池电动汽车具有以下优点：

（1）零排放或近似零排放；

（2）减少了机油泄漏带来的水污染；

（3）减少了温室气体的排放；

（4）提高了燃油经济性；

（5）提高了发动机燃烧效率；

（6）运行平稳、无噪声。

四、氢能源动力汽车

氢能源动力汽车是一种真正实现零排放的交通工具，排放出的是纯净水，其具有无污染、零排放、储量丰富等优势，因此，氢能源动力汽车是传统汽车最理想的替代方案。与传统动力汽车相比，氢能源动力汽车成本至少高出20%。中国长安汽车在2007年完成了中国第一台高效零排放氢内燃机点火，并在2008年北京车展上展出了长安汽车自主研发的中国首款氢能源动力概念跑车"氢程"（如图1-2-5所示）。

几乎所有的世界汽车巨头都在研制新能源汽车，图1-2-6为丰田和奥迪分别推出的两种氢燃料汽车。电曾经被认为是汽车的未来动力，但蓄电池漫长的充电时间和较大的质量使得人们渐渐对它兴味索然。而目前的电与汽油合用的混合动力汽车只能暂时性地缓解能源危机,只能减少但无法摆脱对石油的依赖。这个时候,氢能源动力燃料电池的出现,犹如再造了一艘诺亚方舟,让人们从危机中看到无限希望。

图1-2-5 长安汽车自主研发的中国首款氢能源动力概念跑车"氢程"

图1-2-6 两种氢燃料汽车

氢能源动力汽车的优点:排放物是纯水,行驶时不产生任何污染物。

氢能源动力汽车的缺点:氢燃料的存储和运输按照目前的技术条件来说非常困难,因为氢分子非常小,极易透过储藏装置的外壳逃逸。最致命的问题是,氢气的提取需要通过电解水或者利用天然气,如此一来同样需要消耗大量能源。除非使用核电来提取,否则无法从根本上降低二氧化碳排放。

五、燃气汽车

燃气汽车是指用压缩天然气(CNG)、液化石油气(LPG)和液化天然气(LNG)作为燃料的汽车。比较常见的是爱丽舍油气两用车(如图1-2-7所示)。燃气汽车由于其排放性能好，可调整汽车燃料结构，运行成本低，技术成熟，安全可靠，所以被世界各国公认为当前最理想的替代燃料汽车。

图1-2-7　爱丽舍油气两用车

目前，燃气仍然是世界汽车代用燃料的主流。在我国代用燃料汽车中，天然气汽车占到90%左右。而在世界道路燃料消费中，天然气汽车只占不到1%；在世界天然气消费中，天然气汽车用气量也几乎可以忽略不计。但是天然气汽车的市场正在快速发展。国际能源署最新的分析显示，到2035年，全球天然气汽车的总量将达到3 000万辆，届时，天然气交通消费将占到天然气总消费的3%。天然气汽车全球联合会更加乐观，他们相信到2020年，全球天然气汽车的总数将会达到6 500万辆。

替代燃料的作用是减轻并最终消除由于石油供应紧张带来的各种压力，以及对经济发展产生的负面影响。中国仍将主要用压缩天然气、液化气、乙醇汽油作为汽车的替代燃料。

六、生物乙醇汽车

乙醇俗称酒精，通俗些说，使用乙醇为燃料的汽车，也可叫酒精汽车（如图1-2-8所示）。用乙醇代替石油燃料的活动历史已经很长，无论是从生产上还是应用上技术都已经很成熟。

目前，世界上已有40多个国家不同程度地应用乙醇汽车，有的已达到较大规模，乙醇汽车的地位日益提升。

在汽车上使用乙醇，可以提高燃料的辛烷值，增加氧含量，使汽车缸内燃烧更完全，可以降低尾气有害物的排放。

乙醇汽车的燃料应用方式如下。

（1）掺烧，指乙醇和汽油掺和应用。在混合燃料中，乙醇和汽油的容积比例以"E"表示，如乙醇占10%、15%，则用E10、E15来表示。目前，掺烧占乙醇汽车主要地位。

（2）纯烧，即单烧乙醇，可用E100表示，目前应用并不多，属于试行阶段。

（3）变性燃料乙醇，指乙醇脱水后，再添加变性剂而生成的乙醇，这也是属于试验应用阶段。

图 1-2-8 乙醇汽车

（4）灵活燃料，指燃料既可用汽油，又可以使用乙醇或甲醇与汽油按比例混合的燃料，还可以用氢气，并随时可以切换。如福特、丰田汽车均在试验灵活燃料汽车（FFV）。

第三节　新能源汽车的历史与发展

一、国外新能源汽车的历史

电动汽车是世界上最古老的汽车之一，比内燃机汽车的出现早了半个多世纪。1832—1839 年，苏格兰商人罗伯特·安德森用不可再充的蓄电池研发出了电动汽车。

1873 年，英国人罗伯特·戴维森制造了世界上第一代可供实用的电动汽车（如图 1-3-1 所示）。这比德国人戴姆勒和本茨发明汽油发动机汽车早了 10 年以上。

图 1-3-1　罗伯特·戴维森发明的电动汽车

罗伯特·戴维森发明的电动汽车是一辆载货车，使用铁、锌、汞合金与硫酸进行反应的一次电池。其后，从 1880 年开始，应用了可以充放电的二次电池。从一次电池发展到二次电池，展现了电动汽车发展的一次重大技术变革，由此电动汽车需求量有了很大的提高。在 19 世纪下半叶电动汽车成为交通运输的重要工具，谱写了电动汽车在人类交通史上的辉煌一页。

1882年，阿顿和培理也制成了一辆由铅酸电池供电、直流电动机驱动的电动三轮车，车上还配备了照明灯（如图1-3-2所示）。这辆电动车的总质量为168 kg，时速提高到了14.5 km。在燃油汽车尚未问世，马、骡、驴、牛作为动力源的时代，他们开创了私人电动车的先河，对电动车在世界各国的发展起着极其重要的推动作用。

图1-3-2　阿顿和培理发明的电动三轮车

1866年，维尔纳·冯·西门子研发出了直流发电机，他发现这种机器在电车和电气发动机领域也有广阔的应用前景，并于1881年建立了第一个电子公共交通系统，使无轨电车行驶在柏林近郊（如图1-3-3所示）。

图1-3-3　维尔纳·冯·西门子制造的无轨电车

1888年，华德电气公司制造了一辆时速可达11 km的无轨电动公共汽车，用于伦敦的公共交通（如图1-3-4所示）。与马车相比，电动公共汽车不会造成路面的损坏和街道的污染，为此备受伦敦市民欢迎。这辆电动车采用蜗轮机构转向和脚踩制动，驾驶员站立在电动车的前部操纵车辆。之后，华德电气公司被新成立的伦敦电动公共汽车公司以25万英镑收购。至此，电动轿车、电动出租车陆续在英国出现。

图 1-3-4　无轨电动公共汽车

在美国，真正将电动车投入商业运营的是莫里斯和萨罗姆。1894 年，两人合作成立了莫里斯 & 萨罗姆电动客车与货车公司，推出了电动运输车（如图 1-3-5 所示）。该车由当时的小货车改造而成，后轮大，前轮小，总重 1 928 kg，所用动力源由 60 个总重 726 kg 的酸性电池组成，总容量达到 100 A 时，使用通用电气公司的 3 马力电动机，短时使用功率可达到 9 马力，车速通过电压控制。

图 1-3-5　电动运输车

1899 年，德国人波尔舍发明了一台轮毂电动机，以替代当时在汽车上普遍使用的链条传动。随后开发了保时捷电动汽车，该车采用铅酸蓄电池作为动力源，由前轮内的轮毂电动机直接驱动，这也是第一辆以保时捷命名的汽车。图 1-3-6 是波尔舍和他的电动汽车。

随后，波尔舍在保时捷的后轮上也装载两个轮毂电动机，由此诞生了世界上第一辆四轮驱动的电动汽车。但这辆车所采用的蓄电池体积和质量都很大，而且最高时速只有 60 km。为了解决这些问题，波尔舍又在这辆电动汽车上加装了一台内燃机来发电驱动轮毂电动机，这也是世界上第一台混合动力汽车。

图 1-3-6　波尔舍和他的电动汽车

19世纪末期到20世纪初期是电动汽车发展的黄金时期，法国和英国都出现了电动汽车制造公司。1899年4月29日，一名比利时人驾驶着一辆炮弹外形的电动汽车（如图1-3-7所示），以105.88 km/h的速度刷新了当时由汽油动力发动机保持的世界汽车最高车速的纪录，这也是电动汽车速度第一次突破100 km/h大关。

图 1-3-7　炮弹外形的电动汽车

与此同时，虽然大洋彼岸的美国在汽车的普及上比欧洲稍晚，但他们有自己的优势。美国在电力技术发展和普及上领先于欧洲。美国著名的科学家托马斯·爱迪生是电动汽车的坚定支持者，图1-3-8为1913年爱迪生和一辆电动汽车的合影。1911年，《纽约时报》这样评论电动汽车："它经济，不排放废气，是理想的交通工具。"

这一时期，电动汽车的销量全面超越汽油动力汽车，成为上流社会喜好的城市用车。电动汽车清洁、安静，并且易于操控，非常适合女性驾驶。当时，在欧美一些国家，电动汽车是上流社会名流贵族的"标配"，从欧洲皇室到美国高端顾客都对电动汽车赞不绝口。

然而，电动汽车的一些"顽疾"却在此时不期而现，导致它在此后相当长的时期内逐

第一章 新能源汽车的基本概念和发展

图 1-3-8　1913 年爱迪生和一辆电动汽车的合影

渐让位给内燃机汽车。由于 20 世纪初期全球石油行业得到了繁荣发展，油价降低，也让燃油汽车价格更加实惠，导致电动汽车的发展有所停滞。之后的汽车设计师不断地优化、改善汽车内燃发动机设计。电动汽车似乎逐渐被人遗忘了，逐渐沦为了牛奶花车、高尔夫球车，当然，还有登上月球的月球车。

随着汽车保有量的急剧增长，汽车排放对环境造成的危害日益突出。各汽车生产厂家也开始重新投入精力研发新能源汽车。

1997 年 12 月，代号 NHW10 的第一代丰田普锐斯在爱知县的丰田工厂下线。作为最成功的混动车型，至 2013 年，丰田的混动车型在世界的销量已经突破 500 万辆。如今，第四代丰田普锐斯（如图 1-3-9 所示）已经上市。

图 1-3-9　第四代丰田普锐斯

到 2008 年，包括日产、丰田、特斯拉、雪佛兰等汽车品牌都有自己最重要的具有市场意义的新能源汽车产品，其中日产的 Leaf（聆风），在全世界销量已经达到了 82 000 辆以上。此外还有雪佛兰的 Volt（沃蓝达）。

2012 年，硅谷的汽车生产商特斯拉推出了 Model S 系列，为四门斜背式运动型轿车，采用后轮电动机驱动。图 1-3-10 为一辆正在家里充电的特斯拉 Roadster 电动跑车。

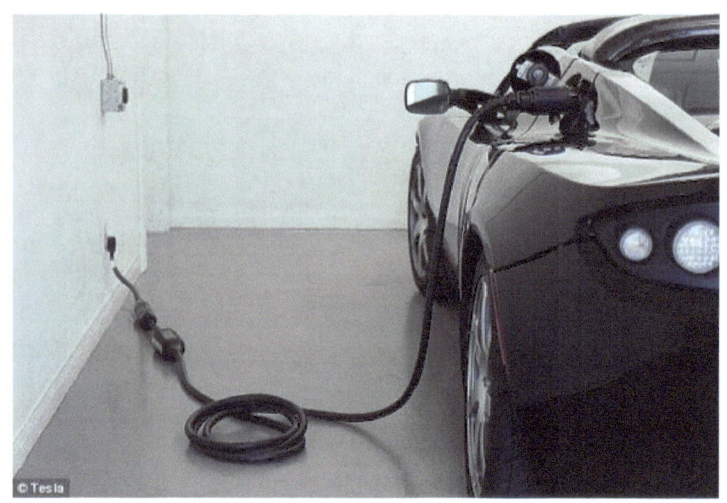

图 1-3-10　一辆正在家里充电的特斯拉 Roadster 电动跑车

目前，很多国家都有针对新能源汽车的长期国家战略。美国奥巴马政府曾投入 40 亿美金用于电动汽车的产业技术研发工作，其中主要的发展项目就是插电式混合动力汽车。而日本拥有全新的国家能源战略，包括在交通领域对传统能源的依赖度从 100% 下降到 80%，也就是 20% 将运用新能源，其他政策包括推动生物质能燃料的运用并到 2020 年普及电动汽车为下一代主流汽车。在欧洲，德国发挥了先导作用。默克尔政府在 2009 年发布电动汽车计划，以纯电动汽车为突破点，制定长达十年的产业化、市场化目标。未来，电动汽车的需求将会不断增长。到 2021 年，电动汽车全球销售收入会突破 580 亿美元。

二、中国新能源汽车发展史

中国新能源汽车产业始于 21 世纪初。2001 年，新能源汽车研究项目被列入国家"十五"期间的 863 重大科技课题，并规划了以汽油车为起点，向氢能源动力汽车目标挺进的战略。"十一五"以来，中国提出"节能和新能源汽车"战略，政府高度关注新能源汽车的研发和产业化，形成了完整的新能源汽车研发、示范布局。

2008 年，新能源汽车在国内已呈全面出击之势。2008 年成为中国"新能源汽车元年"。2008 年 1—12 月新能源汽车的销量增长主要是乘用车的增长，1—12 月新能源乘用车销售 899 辆，同比增长 117%，而商用车的新能源车共销售 1 536 辆，1—12 月同比下滑 17%。

2009 年，在密集的扶持政策出台背景下，中国新能源汽车驶入快速发展轨道。虽然新能源汽车在中国汽车市场所占的比重依然微乎其微，但它在中国商用车市场上的增长潜力已开始释放。2009 年 1—11 月，新能源乘用车销量同比下降 61.96%，至 310 辆。2009 年 1—11 月，新能源商用车——主要是液化石油气客车、液化天然气客车、混合动力客车等销量同比增长 178.98%，至 4 034 辆。相比在乘用车市场的冷遇，"新能源汽车"在中国商用车市场已开始迅猛增长。

2010 年，中国加大对新能源汽车的扶持力度，2010 年 6 月 1 日起，国家已在上海、长春、深圳、杭州、合肥 5 个城市启动私人购买新能源汽车补贴试点工作。2010 年 7 月，国家已将"十城千辆"节能与新能源汽车示范推广试点城市由 20 个增至 25 个。新能源汽车已进入全面政策扶持阶段。

在能源和环保的压力下,新能源汽车无疑将成为未来汽车的发展方向。"十二五"期间,我国新能源汽车正式迈入产业化发展阶段:2011—2015年进入产业化阶段,在全社会推广新能源城市客车、混合动力轿车、小型电动汽车。"十三五"期间即2016—2020年,中国将进一步普及新能源汽车、多能源混合动力车,插电式电动轿车、氢燃料电池轿车将逐步进入普通家庭。

2012年4月18日,国务院总理温家宝主持召开国务院常务会议,研究部署了政府信息公开重点工作,讨论通过了《节能与新能源汽车产业发展规划(2012—2020年)》。会议指出,加快培育和发展节能与新能源汽车产业,对于缓解能源和环境压力,推动汽车产业转型升级,培育新的经济增长点,具有重要意义。要以纯电驱动为汽车工业转型的主要战略取向,争取到2020年,纯电动汽车和插电式混合动力汽车累计产销量超过500万辆;到2020年,当年生产的乘用车平均燃料消耗量降至每百公里5.0升;新能源汽车、动力电池及关键零部件技术整体上达到国际先进水平。

中国新能源汽车的发展须经历两大阶段:第一阶段是以混合动力汽车为主、燃料电池电动汽车等新能源汽车为辅的发展方向,开拓新能源汽车市场;第二阶段是在纯电动汽车技术成熟的基础上,纯电动汽车逐步替代混合动力及燃料电池电动汽车以至于完全占据新能源汽车市场,实现零排放的阶段。所以,走好新能源汽车发展之路,混合动力汽车应首先被重视和推广。

在一系列政策的支持下,中国新能源汽车产销比上年同期有较快增长。2016年新能源汽车生产51.7万辆,销售50.7万辆,比上年同期分别增长51.7%和53%。其中,纯电动汽车产销分别完成41.7万辆和40.9万辆,比上年同期分别增长63.9%和65.1%;插电式混合动力汽车产销分别完成9.9万辆和9.8万辆,比上年同期分别增长15.7%和17.1%。同时,中国汽车企业也设计生产出了很多性能优异的电动汽车。图1-3-11为比亚迪"秦"。

图1-3-11 比亚迪"秦"

细分来看,2016年纯电动乘用车产销分别完成26.3万辆和25.7万辆,比上年同期分别增长73.1%和75.1%;插电式混合动力乘用车产销分别完成8.1万辆和7.9万辆,比上年同期分别增长 29.9%和 30.9%。

新能源商用车方面，2016 年纯电动商用车产销分别完成 15.4 万辆和 15.2 万辆，比上年同期分别增长 50.2%和 50.7%；插电式混合动力商用车产销分别完成 1.8 万辆和 1.9 万辆，比上年同期分别下降 22.5%和 19.3%。

从全年发布的数据来看，纯电动汽车一直是新能源汽车产销的主力军，销量占比超过了新能源汽车全年销量的 80%，插电式混合动力汽车的占比仅为 19%。

三、世界新能源汽车的发展阶段

第一阶段是摇摆不定阶段（2006 年以前）：各国对新能源汽车动力源没有决定，重心放在了氢燃料电池，只有日本一直投入较大（这也是目前日本新能源汽车发展得最好的主要原因）。美国不积极发展纯电动，重心放在氢燃料电池；日本一直在投入，以氢动力投入较多；欧盟重心放在生物燃料与氢燃料电池；中国处于摸索、定义阶段。

第二阶段是大力扶持发展阶段（2007—2011 年）：各国确定新能源汽车战略，并以锂电池为主，加大研发、基础设施投入，给予消费补贴，具有极其重要性，市场规模不断扩大。美国购买电动汽车可享受所得税优惠，最高额度为 7 500 美元，到 2025 年，每个汽车制造商至少每年出售 15.4%的零排放车辆。日本购车者可享受免除多种税负优惠，到 2020 年，电动汽车在整体乘用车的销售比例中应占到 50%。法国购买电动汽车可以获得最高 5 000 欧元的补贴。德国降低电动汽车用车费用。英国购买电动汽车可以获得 2 000～5 000 英镑奖励。中国以纯电动汽车为主，购买最高可以获得 6 万元的补贴。

第三阶段是继续扶持、逐渐进入收获阶段（2012 年至今）：各国维持新能源汽车战略，仍然以锂电池为主，维持消费补贴，加大对汽车二氧化碳排放控制力度。美国规定每个汽车制造商每年至少出售一定数量的零排放车辆，否则要缴纳碳税。中国加大了新能源汽车产业的投入。

从新能源汽车的发展来看，各国扶持补贴政策起到了重大作用，这与光伏行业扶持补贴具有类似性，只是新能源汽车比光伏行业落后一个阶段。随着第二阶段扶持补贴政策作用的逐渐显现，以及各国的持续性投入，新能源汽车将逐渐进入收获阶段。

第四节　中国新能源汽车的演进路线

《中国制造 2025》重点领域技术路线图中关于新能源汽车的部分提到，到 2025 年，中国新能源汽车年销量将达到汽车市场需求总量的 20%，自主新能源汽车市场份额达到 80%以上。为了实现这个目标，国家层面将形成产业间联动的新能源汽车自主创新发展规划，并推出持续可行的新能源汽车财税鼓励政策。

该路线图显示，随着新能源汽车在家庭用车、公务用车和公交客车、出租车、物流用车等领域的大量普及，2020 年中国新能源汽车的年销量将达到汽车市场需求总量的 5%以上，2025 年增至 20%左右。在国家碳排放总量目标和一次能源替代目标需求下，2030 年新能源汽车年销量占比将继续大幅提高，规模超过千万辆。

路线图显示，2020 年，初步建成以市场为导向、企业为主体、产学研用紧密结合的新能源汽车产业体系。自主新能源汽车年销量突破100万辆，市场份额达到70%以上；打造明星车型，进入全球销量排名前十，新能源客车实现规模化出口，整车平均故障间隔里程达到20 000 km；动力电池、驱动电动机等关键系统达到国际先进水平，在国内市场占有率达到80%。

至2025年，形成自主、可控、完整的产业链，与国际先进水平同步的新能源汽车年销300万辆，自主新能源汽车市场份额达到80%以上；产品技术水平与国际同步，拥有两家在全球销量进入前十的一流整车企业，海外销售占总销量的10%。

一直以来，中国政府都希望通过新能源汽车的技术破局来实现整个汽车产业的突破，因此"弯道超车"的概念一度被提出。现阶段，很多国外传统整车企业由于考虑到现有程序和技术的延续性，新能源车的新车型推动不是很快，也给了中国自主品牌在这个领域一些能够领先的机遇，尤其是在中国政府给出了如此多政策红利的大背景下，提出80%的市场份额预期就不奇怪了。

据统计，2015年上半年，国家相关部委就新出台了近10项新能源汽车鼓励支持政策，包括减免新能源车船购置税、开放电动乘用车准入等。下半年，政策对新能源汽车产业的支持更是持续给力。9月底，国务院常务会议确定了一系列支持新能源汽车发展的措施，包括各地不得对新能源汽车实行限行、限购，已实行的应取消等。国务院办公厅还印发了《关于加快电动汽车充电基础设施建设的指导意见》，力争在充电桩领域也同时实现破局。

有专家分析称，推动新能源汽车产业的健康发展，需要建立长效机制。一方面，新能源汽车产业要以科技创新为核心，不断优化用户的出行体验；另一方面，促进新能源汽车产业发展的公共政策要具有持续性，并且根据现实情况及时进行完善改进。而在《中国制造2025》重点领域技术路线图中，也提出将在未来十年针对新能源汽车领域进行持续的政策支持。

《中国制造2025》规划文件指出，国家层面形成产业间联动的新能源汽车自主创新发展规划，设立新能源汽车产业创新与示范基金；将推出持续可行的新能源汽车财税鼓励政策，以及企业平均燃料消耗量核算时的奖励政策；加大对关键核心技术的研发支持，支持形成新能源技术创新联盟，搭建产业共性技术平台；完善相关标准法规体系，加强检测评价能力建设；形成新能源汽车与智能网联汽车、智能电网、智慧城市建设及关键部件、材料等的协同发展机制等。

到2025年，中国新能源汽车的年销量将达到汽车市场需求总量的20%，这不是单纯政策推动就能达到的结果。现在有个别地区和企业出现的套取新能源补贴的行为，也说明"政策市场"是不可持续的。随着新能源汽车各项技术更加成熟，未来扶持政策会慢慢退出，面对逐渐涌入的、不断成熟的外资力量，自主品牌应对能力的提升显得非常重要，而这也需要企业自身和社会资本共同发力。

练习题

简答题

1. 简述新能源汽车的分类。
2. 简述混合动力汽车、纯电动汽车、燃料电池电动汽车、氢能源动力汽车的特点。

第二章　纯电动汽车

纯电动汽车（battery electric vehicle，BEV），是指以车载电源为动力，用电动机驱动车轮行驶，符合道路交通、安全法规各项要求的车辆。一般采用高效率充电电池或燃料电池为动力源。电动汽车无须再用内燃机，因此，电动汽车的电动机相当于传统汽车的发动机，蓄电池相当于原来的油箱。由于电能是二次能源，可以来源于风能、水能、热能、太阳能等，相比内燃机车，在效率上有很大的优势，因此可以有效减少二氧化碳及其他有害气体的排放。

电动汽车近几年发展迅速，继 2014 年爆发式增长之后，2015 年再创历史新高，达到 37.9 万辆。根据工信部公开数据统计，截至 2016 年 12 月底，我国电动汽车产量已经突破 50 万辆（如图 2-0-1 所示）。

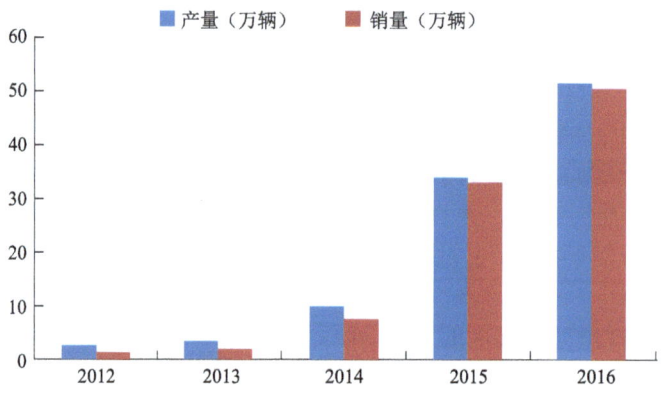

图 2-0-1　2012—2016 年我国电动汽车产量

纯电动汽车的结构由底盘、车身、动力电池组、电动机、控制器和辅助设施等几部分组成（如图 2-0-2 所示）。由于电动机具有良好的牵引特性，因此纯电动汽车的传动系统不需要离合器和变速器。车速控制由控制器通过调速系统改变电动机的转速即可实现。因此纯电

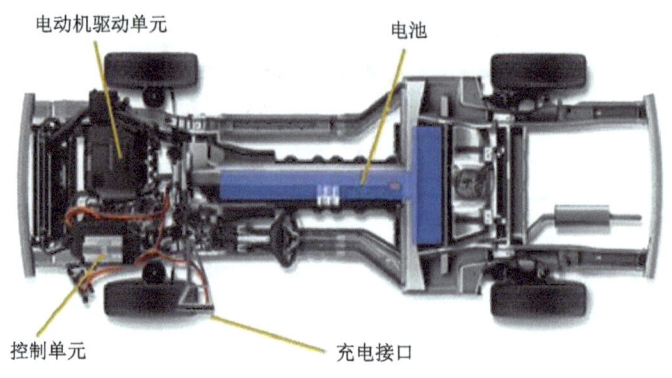

图 2-0-2　纯电动汽车的结构

动汽车结构简单，维护方便。

第一节　电动汽车动力的电池技术

动力电池随着电动汽车的种类不同而略有差异。在仅装备蓄电池的纯电动汽车中，蓄电池的作用是汽车驱动系统的唯一动力源。在装备传统发动机（或燃料电池）与蓄电池的混合动力汽车中，蓄电池既可扮演汽车驱动系统主要动力源的角色，也可充当辅助动力源的角色。在低速和起动时，蓄电池扮演的是汽车驱动系统主要动力源的角色；在全负荷加速时，充当的是辅助动力源的角色；在正常行驶或减速、制动时，充当的是储存能量的角色。图 2-1-1 为一辆纯电动汽车底盘布置的动力电池。

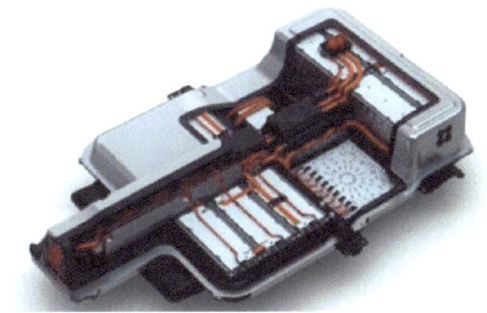

图 2-1-1　纯电动汽车底盘布置的动力电池

一、电池的分类

电池为化学电源，它的分类方法很多。按电解液的不同可分为：碱性电池、酸性电池、中性电池、有机电解质溶液电池。

按活性物质的存在方式分为：活性物质保存在电极上的电池，包括一次电池（非再生式，原电池）和二次电池（再生式，蓄电池）；活性物质连续供给电极的电池，包括非再生燃料电池和再生燃料电池。

由于化学电源品种繁多，用途广泛，外形差别大，使上述分类方法难以统一，但习惯上按其工作性质及储存方式不同，一般分为四类。

1. 一次电池

一次电池，又称原电池，即放电后不能用充电的方法使它复原的电池。换言之，这种电池只能使用一次，放电后电池只能被遗弃了。这类电池不能再充电的原因，或是电池反应本身不可逆，或是条件限制使可逆反应很难进行。例如，锌锰干电池、锌汞电池、银锌电池。图 2-1-2 为常见的一次电池。

2. 二次电池

二次电池，又称蓄电池，即放电后可用充电的方法使活性物质复原而能再次放电，且可反复多次循环使用的一类电池。这类电池实际上是一个化学能量储存装置，用直流电将电池充满，这时电能以化学能的形式储存在电池中，放电时，化学能再转换为电能。例如，铅酸电池、镍镉电池、镍氢电池、锂离子电池和锌空气电池。图 2-1-3 为锂离子电池的结构。

图 2-1-2　常见的一次电池

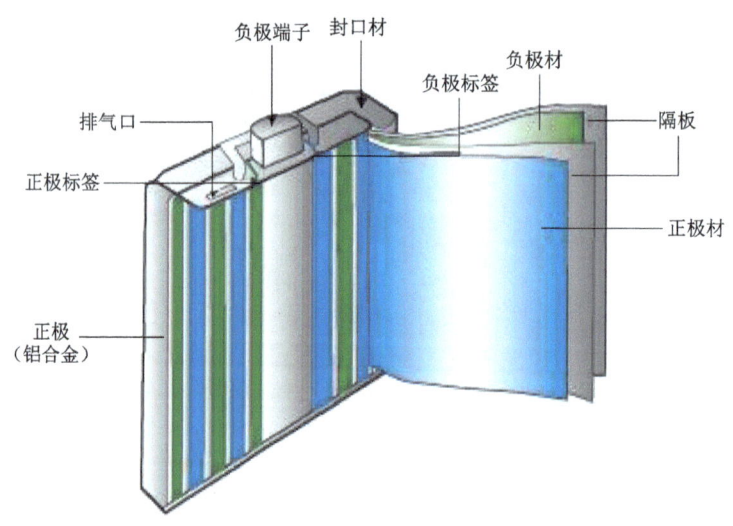

图 2-1-3　锂离子电池的结构

3. 储备电池

储备电池,又称激活电池,是正、负极活性物质和电解液不直接接触,使用前临时注入电解液或用其他方法使电池激活的一类电池。这类电池的正、负极活性物质的化学变质或自放电,因与电解液的隔离而基本上被排除,从而使电池能长时间储存。例如,镁银电池、钙热电池、铅高氯酸电池。

4. 燃料电池

燃料电池,又称连续电池,即只要活性物质连续地注入电池,就能长期不断地进行放电的一类电池。它的特点是电池自身只是一个载体,可以把燃料电池看成一种需要电能时将反应物从外部送入电池的一种电池,如氢燃料电池、肼空燃料电池。

上述分类方法并不意味着某一种电池体系只能分属一次电池、二次电池、储备电池或燃料电池。恰恰相反,某一种电池体系可以根据需要设计成不同类型的电池。例如,锌银电池,可以设计成一次电池,也可以设计成二次电池或储备电池。

二、电池的相关参数

化学电池品种繁多,性能各异。常用以表征其性能的指标有:电性能、机械性能、储存性能等，有时还包括使用性能和经济成本。这里主要介绍其电性能和储存性能。电性能包括电动势、额定电压、开路电压、工作电压、终止电压、充电电压、内阻、容量、比能量和比功率、储存性能和自放电、寿命等。

1. 额定电压

额定电压（或公称电压）是指该电化学体系的电池工作时公认的标准电压。例如，锌锰干电池为 1.5 V，镍镉电池为 1.2 V，铅酸蓄电池为 2 V，锂离子电池为 3.6 V。

2. 工作电压

工作电压是指电池在某负载下实际的放电电压，通常是指一个电压范围。例如，铅酸蓄电池的工作电压为 1.8～2 V；镍氢电池的工作电压为 1.1～1.5 V；锂离子电池的工作电压为 2.75～3.6 V。

3. 终止电压

终止电压是指放电终止时的电压值，视负载和使用要求的不同而异。以铅酸蓄电池为例，电动势为 2.1 V，额定电压为 2 V，开路电压接近 2.15 V，工作电压为 1.8～2 V，放电终止电压为 1.5～1.8 V（根据放电率的不同，其终止电压也不同）。

4. 充电电压

充电电压是指外电路直流电压对电池充电的电压。一般的充电电压要大于电池的开路电压，通常在一定的范围内。例如，镍镉电池的充电电压为 1.45～1.5 V；锂离子电池的充电电压为 4.1～4.2 V；铅酸蓄电池的充电电压为 2.25～2.5 V。

5. 内阻

蓄电池的内阻包括正负极板的电阻、电解液的电阻、隔板的电阻和连接体的电阻。

（1）正负极板电阻。目前普遍使用的铅酸蓄电池正、负极板为涂膏式，由铅锑合金或铅钙合金板栅架和活性物质两部分构成。因此，极板电阻也由板栅电阻和活性物质电阻组成。板栅在活性物质内层，充放电时，不会发生化学变化，所以它的电阻是板栅的固有电阻。活性物质的电阻是随着电池充放电状态的不同而变化的。

当电池放电时，极板的活性物质转变为硫酸铅（$PbSO_4$），硫酸铅含量越大，其电阻越大。而电池充电时将硫酸铅还原为铅（Pb），硫酸铅含量越小，其电阻越小。

（2）电解液电阻。电解液电阻视其浓度不同而异。在规定的浓度范围内一旦选定某一浓度后，电解液电阻将随充放电程度而变。电池充电时，在极板活性物质还原的同时电解液浓度增加，其电阻下降；电池放电时，在极板活性物质硫酸化的同时电解液浓度下降，其电阻增加。

（3）隔板电阻。隔板电阻视其孔率而异，新电池的隔板电阻趋于一个固定值，但随电池运行时间的延长，其电阻有所增加。因为，电池在运行过程中有些铅渣和其他沉积物在隔板上，使得隔板孔率有所下降而增加了电阻。

（4）连接体电阻。连接体电阻包括单体电池串联时连接条等金属的固有电阻、电池极板间的连接电阻，以及正、负极板组成极群的连接体的金属电阻。若焊接和连接接触良好，连接体电阻可视为一固定电阻。

每只电池所呈现的内阻就是上述物体电阻的总和，电池内阻 R_s 与电动势、端电压及放电电流的关系为 $R_s = (E - U_f)/I_f$。

电池的内阻在放电过程中会逐渐增加，而在充电过程中则逐渐减小。所以，电池在充放电过程中，端电压也会因其内阻的变化而变动。因此端电压在放电时低于电池的电动势，充电时又高于电池的电动势。

6. 容量

电池的容量单位为库仑（C）或安时（A·h）。表征电池容量特性的专用术语有三个。

（1）理论容量。指根据参加电化学反应的活性物质电化当量数计算得到的电量。通常，理论上1电化当量物质将放出1法拉第电量，即96 500 C或26.8 A·h（1电化当量物质的量，等于活性物质的原子量或分子量除以反应的电子数）。

（2）额定容量。指在设计和生产电池时，规定或保证在指定放电条件下电池应该放出的最低限度的电量。

（3）实际容量。指在一定的放电条件下，即在一定的放电电流和温度下，电池在终止电压前所能放出的电量。

电池的实际容量通常比额定容量大10%～20%。电池容量的大小，与正、负极上活性物质的数量和活性有关，也与电池的结构和制造工艺及电池的放电条件（电流、温度）有关。影响电池容量因素的综合指标是活性物质的利用率。换言之，活性物质利用得越充分，电池给出的容量也就越高。

7. 比能量和比功率

电池的输出能量是指在一定的放电条件下，电池所能做出的电功，它等于电池的放电容量和电池平均工作电压的乘积，其单位常用瓦时（W·h）表示。

电池的比能量有两种。一种叫质量比能量，单位符号为W·h/kg；另一种叫体积比能量，单位符号为W·h/L。比能量的物理意义是电池为单位质量或单位体积时所具有的有效电能量。它是比较电池性能优劣的重要指标。

单体电池和电池组的比能量是不一样的。由于电池组合时总要有连接条、外部容器和内包装层等，故电池组的比能量总是小于单体电池的比能量。

电池的功率是指在一定的放电条件下，电池在单位时间内所能输出的能量。单位是瓦（W）或千瓦（kW）。电池的单位质量或单位体积的功率称为电池的比功率，它的单位是瓦/千克（W/kg）或瓦/升（W/L）。如果一个电池的比功率较大，则表明在单位时间内，单位质量或单位体积中给出的能量较多，即表示此电池能用较大的电流放电。因此，电池的比功率也是评价电池性能优劣的重要指标之一。常见电池的比较如图2-1-4所示。

8. 寿命

电池的寿命是指电池实际使用的时间长短。对二次电池而言，电池的寿命分充放电循环寿命和湿搁置使用寿命两种。

充放电循环寿命，是衡量二次电池性能的一个重要参数。经受一次充电和放电，称为一次循环（或一个周期）。在一定的充放电制度下，电池容量降至某一规定值之前，电池能耐受的充放电次数，称为二次电池的充放电循环寿命。充放电循环寿命越长，电池的性能越好。在目前常用的二次电池中，镍镉电池的充放电循环寿命为500～800次，铅酸电池为200～500次，锂离子电池为600～1 000次，锌银电池很短，约100次。

二次电池的充放电循环寿命与放电深度、温度、充放电制式等条件有关。所谓"放电深度"是指电池放出的容量占额定容量的百分数。减少放电深度（即"浅放电"），二次电池的充放电循环寿命就可以大大延长。

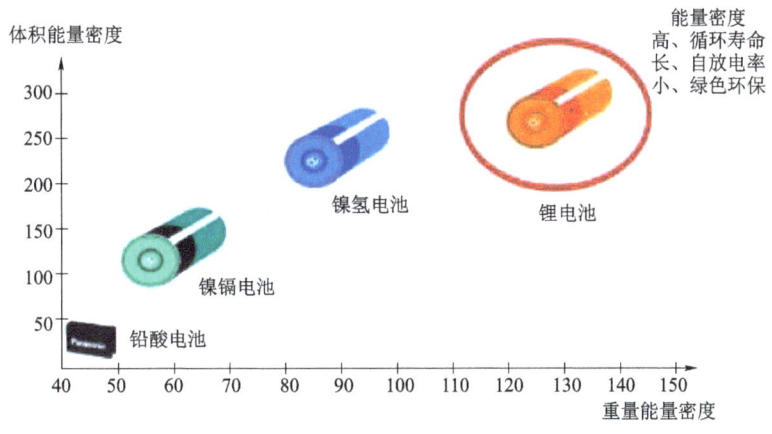

图 2-1-4 常见电池的比较

湿搁置使用寿命，也是衡量二次电池性能的重要参数之一。它是指电池加入了电解液后开始进行充放电循环直至充放电循环寿命终止的时间（包括充放电循环过程中电池处于放电态湿搁置的时间）。湿搁置使用寿命越长，电池性能越好。在目前常用的电池中，镍镉电池湿搁置使用寿命为 2～3 年，铅酸电池为 3～5 年，锂离子电池为 5～8 年，锌银电池最短，只有 1 年左右。

9. 电动汽车电池常用参数

SOC（state of charge）：指电池的荷电量，在完全放电完毕的情况下其 SOC 为 0，完全充满电的情况下其 SOC 为 1。

SOH：指电池可以储存电荷的能力。

DOD（depth of discharge）：指电池的放电深度，即电池放出的容量占额定容量的百分数。电池在充满电的情况下其 DOD 为 0，完全放电完毕其 DOD 为 1。DOD 和 SOC 的关系为：DOD+SOC = 1。

充电倍率：指电池充电的电流值，数值上等于额定容量的倍数。通常用 C 表示。

三、常用电动汽车的动力电池

1. 铅蓄电池

铅酸蓄电池自 1859 年由普兰特发明以来，至今已有 150 多年的历史，技术十分成熟，是全球使用最广泛的化学电源。尽管近年来镍镉电池、镍氢电池、锂离子电池等新型电池相继问世并得以应用，但铅酸蓄电池仍然凭借大电流放电性能强、电压特性平稳、温度适用范围广、单体电池容量大、安全性高和原材料丰富且可再生利用、价格低廉等一系列优势，在绝大多数传统领域和一些新兴的应用领域，占据着重要的地位。

铅蓄电池由极板、隔板、壳体、电解液、铅连接条、极柱等组成。极板分正极板和负极板两种，均由栅架和填充在其上的活性物质构成（如图 2-1-5 所示）。

正极板上的活性物质是二氧化铅（PbO_2），呈深棕色；负极板上的活性物质是海绵状纯铅（Pb），呈青灰色。为增大蓄电池的容量，将多片正、负极板分别并联焊接，组成正、负极板组。安装时正、负极板相互嵌合，中间插入隔板。在每个单体电池中，负极板的数量总比正极板多一片。

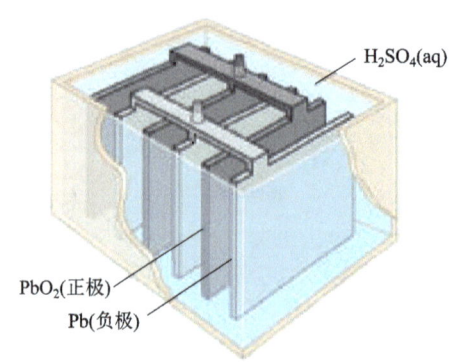

图 2-1-5　铅蓄电池极板

为了减小蓄电池的内阻和尺寸,蓄电池内部正、负极板应尽可能地靠近;为了避免彼此接触而短路,正、负极板之间要用隔板隔开。电解液在电能和化学能的转换过程即充电和放电的电化学反应中起离子间的导电作用并参与化学反应。它由纯硫酸和蒸馏水按一定比例配制而成,其密度一般为 1.24～1.30 g/mL。特别需要注意的是,电解液的纯度是影响蓄电池性能和使用寿命的重要因素。

放电时,正极反应为

$$PbO_2 + 4H^+ + SO_4^{2-} + 2e^- = PbSO_4 + 2H_2O$$

负极反应为

$$Pb + SO_4^{2-} - 2e^- = PbSO_4$$

总反应为

$$PbO_2 + Pb + 2H_2SO_4 = 2PbSO_4 + 2H_2O$$

随着蓄电池的放电,正、负极板都受到硫化,同时电解液中的硫酸逐渐减少,而水分增多,从而导致电解液的比重下降。在实际使用中,可以通过测定电解液的比重来确定蓄电池的放电程度。在正常使用情况下,铅蓄电池不宜放电过度,否则将使和活性物质混在一起的细小硫酸铅晶体结成较大的晶体,这不仅增加了极板的电阻,而且在充电时很难使它再还原,直接影响蓄电池的容量和寿命。铅蓄电池充电是放电的逆过程。

铅蓄电池广泛应用于汽车、摩托车、电动车及通信、电站、电力输送等领域。随着世界能源经济的发展和人民生活水平的日益提高,在二次电池使用中,铅蓄电池已占有 85% 以上的市场份额。铅酸蓄电池具有技术成熟、成本低、大电流放电性能佳、温度适用范围广、安全性高、可做到完全回收利用等优点。在汽车起动电池和电动车领域尚无法被其他电池取代。但因为铅蓄电池具有比能量小、十分笨重、循环使用寿命短、自放电大等缺点,作为动力电池,仅应用在低端电动汽车上。

2. 镍氢电池

镍氢电池是由氢离子和金属镍合成,电量储备比镍镉电池多 30%,比镍镉电池更轻,使用寿命也更长,并且对环境无污染。常见镍氢电池的外观如图 2-1-6 所示。镍氢电池可作为混动或电动汽车的动力电池。通用 EV1 和丰田 PRIUS 就采用了这种电池。

镍氢电池正极板材料为 NiOOH,负极板材料为吸氢合金。电解液通常用 30% 的 KOH 水溶液,并加入少量的 NiOH。隔膜采用多孔维尼纶无纺布或尼龙无纺布等。镍氢电池有圆柱

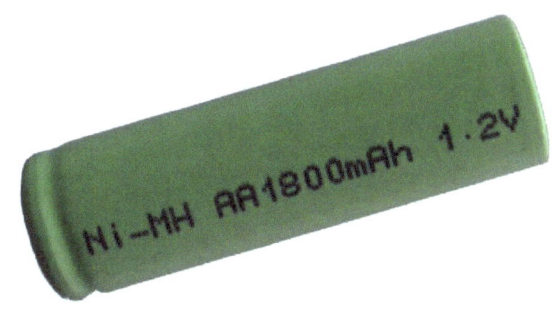

图 2-1-6　镍氢电池的外观

形和方形两种。

镍氢电池具有较好的低温放电特性，即使在 -20 ℃ 环境温度下，采用大电流（以 1 C 放电速率）放电，放出的电量也能达到标称容量的 85% 以上。但是，镍氢电池在高温（40 ℃ 以上）时，蓄电容量将下降 5%～10%。这种由于自放电（温度越高，自放电率越大）而引起的容量损失是可逆的，几次充放电循环就能恢复到最大容量。镍氢电池的开路电压为 1.2 V。主要用 KOH 作电解液，化学反应式为

$$M+Ni(OH)_2 \rightarrow MH+NiOOH$$

上式中 M 为储氢合金，MH 为吸附了氢原子的储氢合金。最常用的储氢合金为 $LaNi_5$。

镍氢电池具有耐过充过放、高速放电能力强、使用安全（尤其是滥用条件下）、价格便宜、功率密度大等优点，因此在早期纯电动汽车和混合汽车上有所应用。但镍氢电池电压低，能量密度低，在新型的纯电动汽车上已经慢慢被锂离子电池淘汰。

3. 锂离子电池

锂离子电池由日本索尼公司于 1990 年最先开发成功。它是把锂离子嵌入碳（石油焦炭和石墨）中形成负极（传统锂电池用锂或锂合金作负极）。正极材料常用 Li_xCoO_2，也用 Li_xNiO_2 和 Li_xMnO_4，电解液用 $LiPF_6$+二乙烯碳酸酯（EC）+二甲基碳酸酯（DMC）。

石油焦炭和石墨作负极材料无毒，且资源充足，锂离子嵌入碳中，克服了锂的高活性，解决了传统锂电池存在的安全问题，正极 Li_xCoO_2 在充、放电性能和寿命上均能达到较高水平，使成本降低。锂离子二次电池充、放电时的化学反应式为

$$LiCoO_2+C = Li_{1-x}CoO_2+Li_xC$$

锂离子电池以碳素材料为负极，以含锂的化合物为正极，没有金属锂存在，只有锂离子，这就是锂离子电池。锂离子电池是指以锂离子嵌入化合物为正极材料电池的总称。锂离子电池的充放电过程，就是锂离子的嵌入和脱嵌过程。在锂离子的嵌入和脱嵌过程中，同时伴随着与锂离子等当量电子的嵌入和脱嵌。在充放电过程中，锂离子在正、负极之间往返嵌入、脱嵌和插入、脱插，被形象地称为"摇椅电池"。

当对电池进行充电时，电池的正极上有锂离子生成，生成的锂离子经过电解液运动到负极。而作为负极的碳呈层状结构，它有很多微孔，到达负极的锂离子就嵌入到碳层的微孔中，嵌入的锂离子越多，充电容量越高。同样，当对电池进行放电时（即使用电池的过程），嵌在负极碳层中的锂离子脱出，又运动回正极。回正极的锂离子越多，放电容量越高。

一般锂离子电池充电电流设定在0.2C至1C之间，电流越大，充电越快，同时电池发热也越大。而且，过大的电流充电，容量不够满，因为电池内部的电化学反应需要时间。就跟倒啤酒一样，倒太快的话会产生泡沫，反而不满。

锂离子电池的额定电压为3.6V，放电终止电压为2.5～2.75V。电池的放电终止电压不应小于2.5V，低于放电终止电压继续放电称为过放，过放会使电池寿命缩短，严重时会导致电池失效。锂离子电池充电电压在高于充电截止电压（一般是4.2V）后，如果继续充电，由于负极的储存格已经装满了锂离子，后续的锂离子会堆积于负极材料表面。这些锂离子由于极化作用，会进行电子转移，形成金属锂，并由负极表面往锂离子来的方向长出树枝状结晶。

这些没有电极防护的金属锂一方面极为活泼，容易发生氧化反应而爆炸；另一方面，形成的金属锂结晶会穿破隔膜，使正、负极短路，从而引发短路，产生高温。在高温下，电解液等材料会裂解产生气体，使得电池外壳或压力阀鼓胀破裂，让氧气进入，并与堆积在负极表面的锂离子反应，进而发生爆炸。

锂离子电池充电时，一定要设定电压上限和过充保护。在正规电池厂家出产的锂电池都装有这样的保护电路。当电压超标或电量充满时自动断电。

锂离子电池能量密度大，平均输出电压高；自放电率很低，好一些的电池一般可做到每月在2%以下（可恢复）；没有记忆效应；工作温度范围宽，为-20～60℃；循环性能优越、可快速充放电、充电效率高达100%，而且输出功率大，使用寿命长；不含有毒有害物质，被称为绿色电池。现在生产的纯电动汽车，绝大多数使用锂离子电池作为动力源。

4. 燃料电池

燃料电池（fuel cell）是一种将存在于燃料与氧化剂中的化学能直接转化为电能的发电装置，专用于燃料电池电动汽车，包括碱性燃料电池（AFC）、磷酸燃料电池（PAFC）、熔融碳酸盐燃料电池（MCFC）、固体氧化物燃料电池（SOFC）、质子交换膜燃料电池（PEMFC）。图2-1-7为直接甲醇燃料电池（DMFC）。

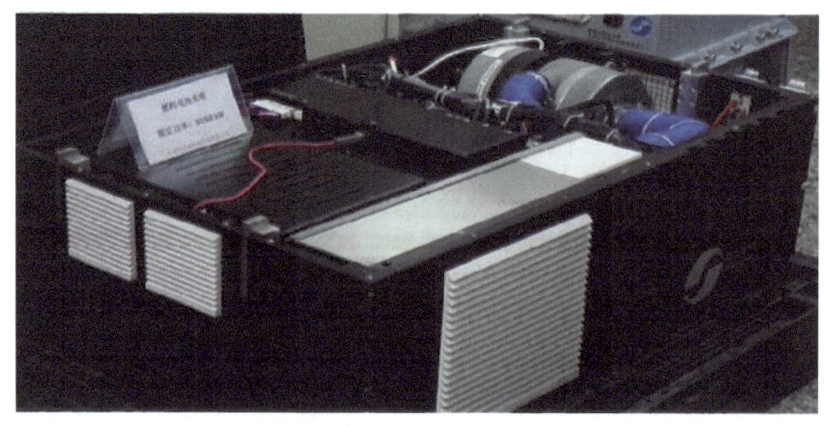

图2-1-7 直接甲醇燃料电池

燃料电池由燃料在阳极氧化，氧化剂在阴极还原。如果在阳极（即外电路的负极，也可称燃料极）上连续供给气态燃料（氢气），而在阴极（即外电路的正极，也可称空气极）上连续供给氧气（或空气），就可以在电极上连续发生电化学反应，并产生电流。由此可见，燃料电池与常规电池不同，它的燃料和氧化剂不是储存在电池内，而是储存在电池外部的储罐中。当它工作（输出电流并做功）时，需要不间断地向电池内输入燃料和氧化剂，同时排出反应产物。因此，从工作方式上看，它类似于常规的汽油或柴油发动机。由于燃料电池工作时要连续不断地向电池内送入燃料和氧化剂，所以燃料电池使用的燃料和氧化剂均为流体（气体或液体）。最常用的燃料为纯氢、各种富含氢的气体（如重整气）和某些液体（如甲醇水溶液），常用的氧化剂为纯氧、净化空气等气体和某些液体（如过氧化氢和硝酸的水溶液等）。

燃料电池阳极的作用是为燃料和电解液提供公共界面，并对燃料的氧化产生催化作用，同时把反应中产生的电子传输到外电路或者先传输到集流板后再向外电路传输。阴极（氧电极）的作用是为氧和电解液提供公共界面，对氧的还原产生催化作用，从外电路向氧电极的反应部位传输电子。由于电极上发生的反应大多为多相界面反应，为提高反应速率，电极一般采用多孔材料并涂有电催化剂。

总的来说，燃料电池具有以下特点：① 能量转化效率高，它直接将燃料的化学能转化为电能，中间不经过燃烧过程，因而不受卡诺循环的限制。目前，燃料电池系统的燃料—电能转换效率在45%～60%，而火力发电和核电的效率在30%～40%。② 负荷响应快，运行质量高，燃料电池在数秒钟内就可以从最低功率变换到额定功率，并具有很强的过负载能力。因此，燃料电池电动汽车是汽车行业未来的发展趋势。

第二节　电动汽车的电动机技术

电动机是将电能与机械能相互转换的一种电力元器件。大部分电动汽车在刹车制动的状态下，机械能将被转化成电能，通过电动机来给电池回馈充电。图2-2-1为电动机。

图2-2-1　电动机

纯电动汽车以电动机代替燃油机，不需要自动变速箱。相对于自动变速箱，电动机结构简单、技术成熟、运行可靠。新能源电动汽车的驱动系统是直接将电能转换为机械能的部分，决定了电动汽车的性能指标。因此，对于驱动电动机的选择尤为重要。电动汽车的驱动电动机有以下几个特点。
(1) 宽广的恒功率范围，满足汽车的变速性能。
(2) 启动转矩大，调速能力强。
(3) 效率高，高效区广。
(4) 瞬时功率大，过载能力强。
(5) 功率密度大，体积小，质量小。
(6) 环境适应性高，适应恶劣环境。
(7) 能量回馈效率高。

根据驱动原理，电动汽车的驱动电动机可分为以下4种。

一、直流电动机

在电动汽车发展的早期，很多电动汽车都是采用直流电动机，主要是看中了直流电动机的产品成熟、控制方式容易、调速优良的特点。但由于直流电动机本身的短板非常突出，其自身复杂的机械结构（电刷和机械换向器等），制约了它的瞬时过载能力和电动机转速的进一步提高。而且，在长时间工作的情况下，电动机的机械结构会产生损耗，增加了维护成本。此外，电动机运转时的电刷火花会使转子发热，浪费能量且散热困难，还会造成高频电磁干扰，这些因素都会影响具体整车性能。目前的电动汽车已经将直流电动机淘汰。图2-2-2为新能源汽车的直流电动机。

图2-2-2 新能源汽车的直流电动机

二、异步电动机

异步电动机因特斯拉汽车的使用而被广泛关注。异步电动机转子的转速总是小于旋转磁场（由定子绕组电流产生）的转速。因此，转子看起来与定子绕组的电流频率总是"不一致"，这也是其叫异步电动机的原因。图2-2-3为异步电动机的外形。

异步电动机的优点是成本低，工艺简单；缺点是其功率密度与转矩密度要低于永磁同步电动机。而特斯拉Model S系列之所以选用异步电动机而不是永磁同步电动机，除了控制成本这个主要原因之外，较大的车体有足够空间放得下相对大一点的异步电动机，这也是一个很重要的因素。

图 2-2-3　异步电动机的外形

异步电动机是目前工业中应用十分广泛的一类电动机，其特点是定子、转子由硅钢片叠压而成，两端用铝盖封装，定子、转子之间没有相互接触的机械部件，结构简单，运行可靠耐用，维修方便。异步电动机与同功率的直流电动机相比效率更高，质量约小了二分之一。如果采用矢量控制的控制方式，可以获得与直流电动机相媲美的可控性和更宽的调速范围。由于运行效率高、比功率较大、适于高速运转等优势，异步电动机是目前大功率电动汽车上应用最广的电动机。

在高速运转的情况下，电动机的转子发热严重，工作时要保证电动机冷却，同时异步电动机的驱动、控制系统很复杂，电动机自身的成本也偏高。另外，运行时还需要变频器提供额外的无功功率来建立磁场，故与永磁电动机和开关磁阻电动机相比，异步电动机的效率和功率密度偏低，不是能效最优化的选择。图 2-2-4 为异步电动机的结构。

图 2-2-4　异步电动机的结构

异步电动机应用得较多的地区是美国，这也被认为是和路况有关。在美国，高速公路已经具有一定的规模，除了大城市外，汽车一般以一定的高速度持续行驶，所以能够让高速运转且有较高效率的异步电动机得到广泛应用。

尽管在质量和体积方面，异步电动机并不占优势，但其转速范围广泛，以及高达 20 000 r/min 左右的峰值转速，即使不匹配二级差速器也能够满足汽车巡航的转速需求。而就质量对续航里程的影响而言，高能量密度的电池能够"掩盖"电动机质量的劣势。此外，异步电动机优良的稳定性也是被特斯拉选用的重要原因。

三、永磁电动机

永磁电动机根据定子绕组电流波形的不同可分为两种类型,一种是无刷直流电动机,它具有矩形脉冲波电流;另一种是永磁同步电动机,它具有正弦波电流。这两种电动机在结构和工作原理上大体相同,转子都是永磁体,减少了励磁所带来的损耗,定子上安装有绕组,通过交流电来产生转矩,所以冷却相对容易。由于这类电动机不需要安装电刷和机械换向结构,工作时不会产生换向火花,因此运行安全可靠,维修方便,能量利用率较高。

在新能源汽车领域,永磁同步电动机被广泛使用。所谓永磁,指的是在制造电动机转子时加入永磁体,使电动机的性能得到进一步的提升。所谓同步,则指的是转子的转速与定子绕组电流频率始终保持一致。因此,通过控制电动机的定子绕组输入电流频率,电动汽车的车速将最终被控制。而如何调节电流频率,则是电控部分所要解决的问题。图2-2-5为奥迪Q5混动车所采用的永磁同步电动机。

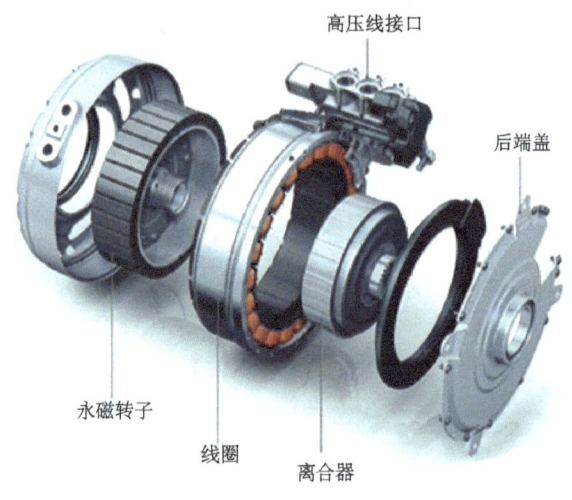

图2-2-5　奥迪Q5混动车所采用的永磁同步电动机

与其他类型的电动机相比较,永磁同步电动机的最大优点是具有较高的功率密度与转矩密度,也就是说,在相同质量与体积下,永磁同步电动机能够为新能源汽车提供最大的动力输出与加速度。这也是在对空间与自重要求极高的新能源汽车行业,永磁同步电动机是广大汽车制造商首选的主要原因。图2-2-6为采用永磁同步电动机的部分车型。

永磁电动机的控制系统相比于异步电动机的控制系统来说更加简单。但是由于受到永磁材料本身的限制,在高温、振动和过流的条件下,转子的永磁体会产生退磁现象。所以在相对复杂的工作条件下,永磁电动机容易发生损坏,故这方面还有待继续改进。

由于永磁材料价格较高,因此整个电动机及其控制系统成本较高。目前,只有稀土资源丰富的中国比较倾向于使用永磁电动机的电动汽车驱动方案。像日本、欧洲,要么使用轻稀土的永磁材料做永磁电动机,要么直接改用不需要稀土材料做控制器的开关磁阻电动机。

四、开关磁阻电动机

开关磁阻电动机(如图2-2-7所示)作为一种新型电动机,相比其他类型的驱动电动

图 2-2-6 采用永磁同步电动机的部分车型

机而言，其结构最为简单。定子、转子均为普通硅钢片叠压而成的双凸极结构，转子上没有绕组，定子装有简单的集中绕组，具有结构简单坚固、可靠性高、质量小、成本低、效率高、温度低、易于维修等诸多优点。另外，开关磁阻电动机还具有直流调速系统可控性好的优良特性，同时适用于恶劣环境，非常适合作为电动汽车的驱动电动机使用。

图 2-2-7 开关磁阻电动机

开关磁阻电动机也具有转矩波动大、需要位置检测器、系统具有非线性特性、磁场跳跃性旋转、控制系统复杂、对直流电源会产生很大的脉冲电流等缺点。另外，开关磁阻电动机为双凸极结构，不可避免地存在转矩波动，因此噪声是开关磁阻电动机最主要的缺点。图 2-2-8 为开关磁阻电动机的结构。

近年来的研究表明，采用合理的设计、制造和控制技术，开关磁阻电动机的噪声完全可以得到良好的抑制。日本对开关磁阻电动机的研究比较深入。日本生产的开关磁阻电动机广

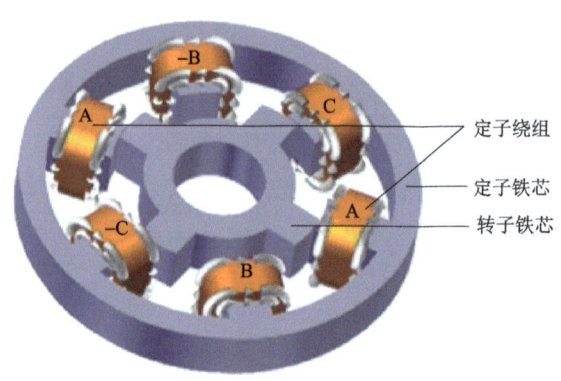

图 2-2-8　开关磁阻电动机的结构

泛应用于电动汽车、家电等各类行业中。现在,中国也渐渐有厂家在关注这种电动机,并认为这是电动汽车未来的发展方向。

五、轮毂电动机

除了同步电动机与异步电动机之外,轮毂电动机也是新能源汽车电动机应用的一个热点。轮毂电动机的最大特点是把车辆的动力装置、传动装置,以及制动装置都整合到轮毂内。相比传统动力装置而言,轮毂电动机的优点显而易见,由于节省了大量的传动部件,车辆结构也相对简单。当然,在电动机的同步控制、涉水密封等方面,轮毂电动机依然还有很多问题需要解决。图 2-2-9 为本田研发的轮毂电动机实物。

图 2-2-9　本田研发的轮毂电动机实物

轮毂电动机技术并非新生事物,早在 1900 年,保时捷就制造出了前轮装备轮毂电动机的电动汽车。20 世纪 70 年代,这一技术在矿山运输车领域得到应用。对于乘用车所用的轮毂电动机,日系厂商对此项技术研发开展较早,目前处于领先地位。通用、丰田等国际汽车巨头都对该技术有所涉足。中国也有自主品牌汽车厂商开始研发此项技术。在 2011 年上海车展中展出的瑞麒 X1-EV 增程电动车(如图 2-2-10 所示)就采用了轮毂电动机技术。

图 2-2-10　瑞麒 X1-EV 增程电动车

图 2-2-11 为米其林研发的将轮毂电动机和电子主动悬挂都整合到轮内的驱动与悬挂系统结构图。

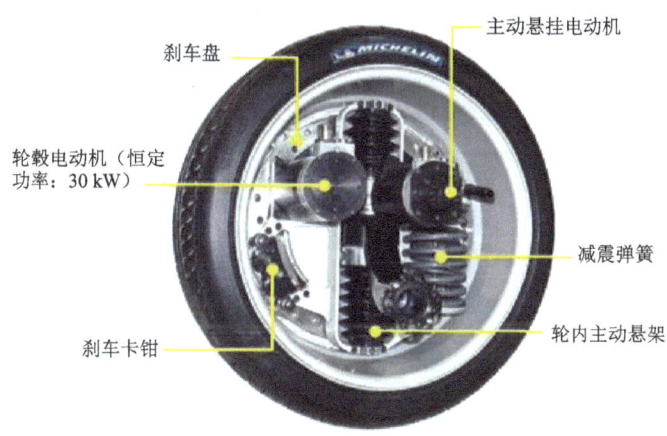

图 2-2-11　米其林研发的将轮毂电动机和电子主动悬挂都整合到轮内的驱动与悬挂系统结构图

轮毂电动机驱动系统结构根据电动机的转子形式分成两种：内转子式和外转子式。外转子式采用低速外转子电动机，电动机的最高转速在 1 000～1 500 r/min，无减速装置，车轮的转速与电动机相同；而内转子式则采用高速内转子电动机，配备固定传动比的减速器，为获得较高的功率密度，电动机的转速可高达 10 000 r/min。随着更为紧凑的行星齿轮减速器的出现，内转子式轮毂电动机在功率密度方面比低速外转子式更具竞争力。图 2-2-12 为典型内转子结构的轮毂电动机驱动系统结构示意图。

六、各种电动机的比较

电动汽车中的燃料电池电动汽车、混合动力汽车和纯电动汽车三大类都要用电动机来驱动车轮行驶。选择合适的电动机是提高各类电动汽车性价比的重要因素，因此，研发或完善

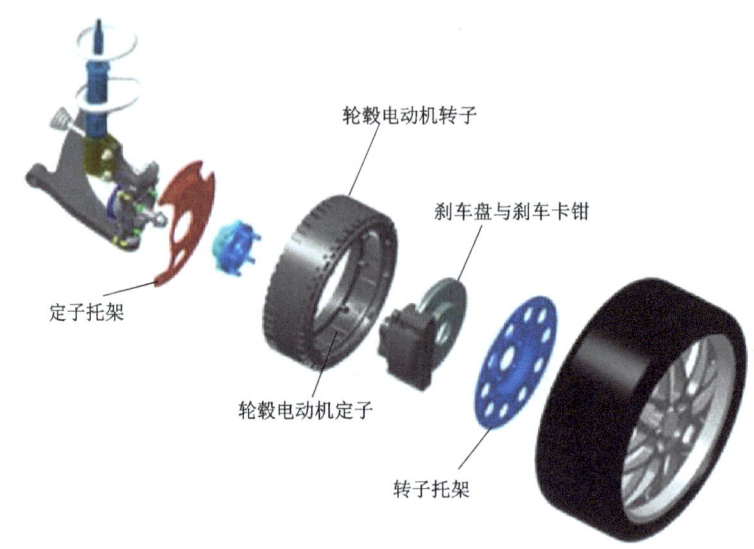

图 2-2-12 典型内转子结构的轮毂电动机驱动系统结构示意图

能同时满足车辆在行驶过程中的各项性能要求,并具有坚固耐用、造价低、效能高等特点的电动机驱动方式显得极其重要。表 2-2-1 为各种电动机的性能比较。

表 2-2-1 各种电动机的性能比较

	直流电动机	异步电动机	永磁同步电动机	开关磁阻电动机
功率密度	低	一般	高	一般
峰值效率	85~89	90~95	95~97	<90
转速范围	4 000~6 000	9 000~15 000	4 000~15 000	>15 000
电动机大小	大、重	一般	小、轻	小、轻
控制性	易控制	较易控制	较难控制	较易控制
可靠性	差	好	一般	好
成本	高	中	高	低
控制器成本	低	高	高	一般

如图 2-2-13 所示,在 2017 年第一批新能源汽车推荐目录的车型中,永磁同步电动机占据了主导地位,达到 81%;其次是交流异步电动机,达到了 18%。由此可以看出,目前国内新能源汽车大部分采用的还是永磁电动机。国外知名的车企,如宝马的 Active Hybrid 与 i3、丰田 Pruis IV 与 Leaf、特斯拉 Model 3、本田 Civic Hybrid、雪佛兰 Volt 等都采用永磁同步电动机。特斯拉采用的是异步电动机,主要是出于成本因素和实际平均效率因素考虑。由此看来,采用永磁同步电动机将会是大势所趋。

图 2-2-13 为 2017 年第一批新能源汽车推荐目录车型的电动机配套情况。

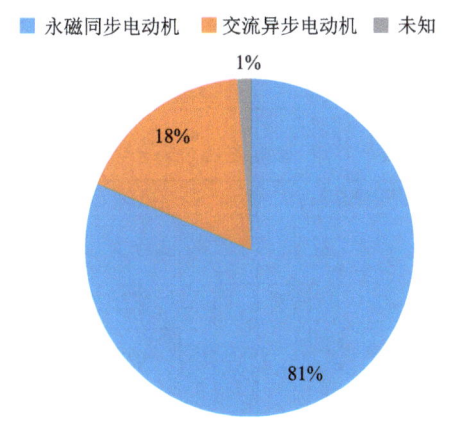

图 2-2-13　2017 年第一批新能源汽车推荐目录车型的电动机配套情况

第三节　纯电动汽车的结构

与燃油汽车相比，纯电动汽车的结构特点是具有灵活性，这种灵活性源于纯电动汽车的以下几个特点。

首先，纯电动汽车的能量主要通过柔性的电线传递，而不是通过刚性联轴器和传动轴传递的，因此纯电动汽车各部件的布置具有很大的灵活性。

其次，纯电动汽车驱动系统的布置不同，如独立的四轮驱动系统和轮毂电动机驱动系统等，这会使系统结构区别很大；采用不同类型的电动机，如直流电动机和交流电动机，会影响到纯电动汽车的质量、尺寸及形状；不同类型的储能装置，如蓄电池，也会影响纯电动汽车的质量、尺寸及形状。另外，不同的能源补充装置具有不同的硬件和结构，如蓄电池可通过感应式和接触式的充电机充电，或者采用更换蓄电池的方式，将替换下来的蓄电池进行集中充电。

纯电动汽车的结构主要由电力驱动控制系统、汽车底盘、车身，以及各种辅助装置等部分组成。除了电力驱动控制系统，其他部分的功能及其结构组成基本与传统汽车相同，不过有些部件根据所选的驱动方式不同，已被简化或省去了。所以，电力驱动控制系统决定了整个纯电动汽车的结构组成及其性能特征，也是纯电动汽车的核心。它相当于传统汽车中的发动机与机电一体化方式相结合，这也是区别于传统内燃机汽车最大的不同点。纯电动汽车电气系统结构原理，如图 2-3-1 所示。

一、电力驱动控制系统

电力驱动控制系统的组成与工作原理如图 2-3-2 所示。电力驱动控制系统按工作原理可划分为车载电源模块、电力驱动主模块和辅助模块三大部分。

1. 车载电源模块

车载电源模块主要由动力电池系统、能源管理系统和车载充电机三部分组成。图 2-3-3 为北汽新能源 EV160 的引擎舱。

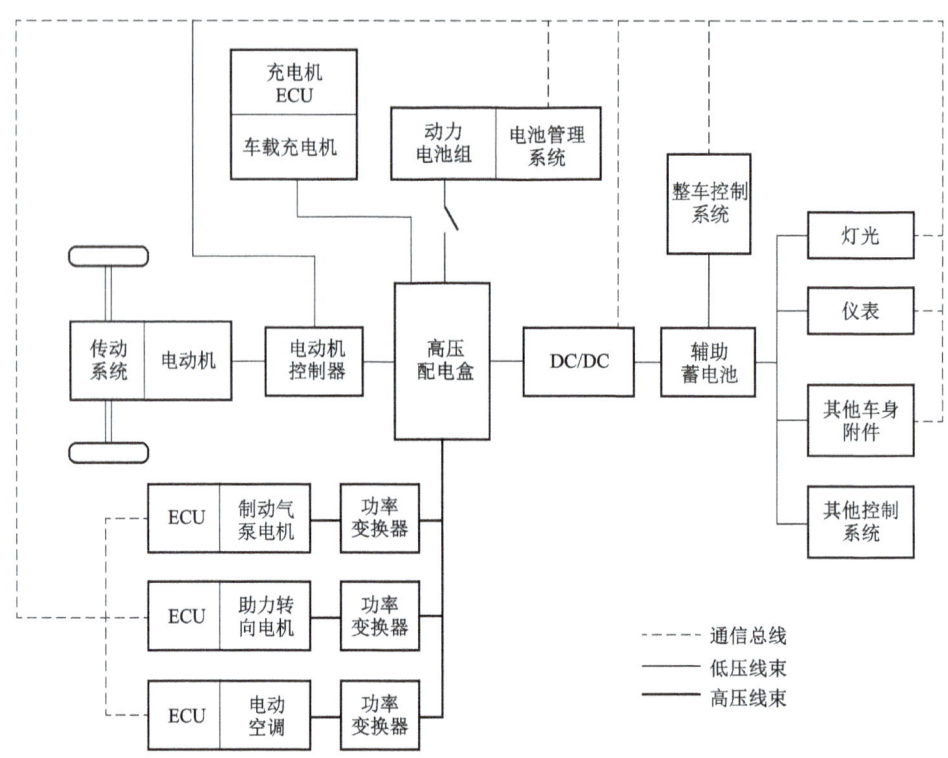

图 2-3-1 纯电动汽车电气系统结构原理

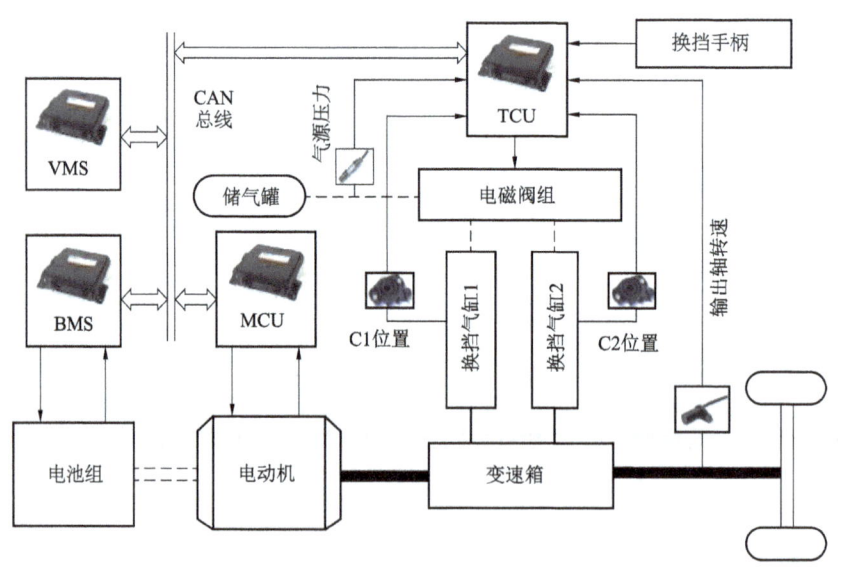

图 2-3-2 电力驱动控制系统的组成与工作原理

（1）动力电池系统。动力电池系统是纯电动汽车的唯一能源，它除了供给汽车驱动行驶所需的电能外，也是供应汽车上各种辅助装置的工作电源。动力电池在车上安装前需要通过串联的方式组合成所要求的高压电源。所采用的电动机类型不同，要求的电压等级也不同。为满足电压等级的要求，可以用多个电池串联成 96～384 V 高压直流电池组，再通过

第二章 纯电动汽车

图 2-3-3　北汽新能源 EV160 的引擎舱

DC/DC 变换器供给所需的电压。也可按所要求的电压等级，直接用电池组合成不同电压等级的电池组，不过这样会给充电和能源管理带来相应的麻烦。另外，由于制造工艺等因素，即使是同一批量的电池，其性能也会有所差异，所以在安装电池之前，要求对每个电池进行认真的检测并记录，尽可能地把性能接近的蓄电池组合成同一组，这样有利于动力电池组性能的稳定和使用寿命的延长。图 2-3-4 为丰田普锐斯的电池组。

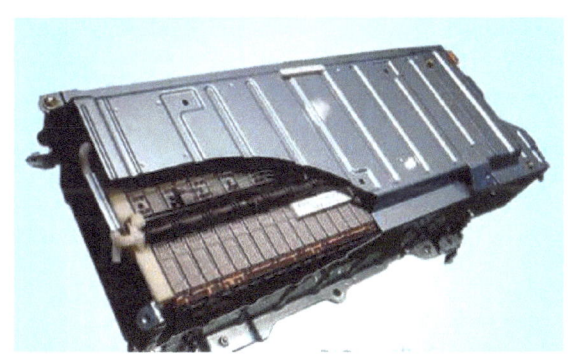

图 2-3-4　丰田普锐斯的电池组

（2）能源管理系统。能源管理系统的主要功能是在汽车行驶中进行能源分配，协调各功能部分工作时的能量管理，使有限的能源最大限度地得到利用。能源管理系统与电力驱动主模块的中央控制单元配合在一起控制发电回馈，使纯电动汽车在降速制动和下坡滑行时可进行能量回收，从而有效地利用能源，提高纯电动汽车的续程能力。能源管理系统还需与充电控制器一同控制充电。为提高蓄电池性能的稳定性和延长其使用寿命，能源管理系统需要实时监控电源的使用情况，以对蓄电池的温度、电解液的浓度、蓄电池的内阻、电池端的电压、当前的电池剩余电量、放电时间、放电电流或放电深度等蓄电池状态参数进行检测，并按蓄电池对环境温度的要求进行调温控制，避免蓄电池过充或放电；另外，还要对有关参数进行显示和报警，以便驾驶员随时掌握情况并配合操作，按需要及时对蓄电池进行充电或维护保养。

39

（3）车载充电机。车载充电机的主要功能是把电网供电制式转换为电池充电要求的制式，即把交流电转换为相应电压的直流电，并按要求控制其充电电流。车载充电机充电开始时为恒流充电阶段；当电池电压上升到一定值时，充电进入恒压充电阶段，输出的电压维持在相应值不变。充电进入恒压充电阶段后，电流会逐渐减小。当充电电流减小到一定值时，充电进入涓流充电阶段。有的还采用脉冲式电流进行快速充电。

2. 电力驱动主模块

电力驱动主模块主要由中央控制单元、驱动控制器、电动机、机械传动装置组成。为适应驾驶员的传统操纵习惯，纯电动汽车仍保留了加速踏板、制动踏板及有关操纵手柄或按钮。不过，在纯电动汽车上是将加速踏板、制动踏板的机械位移量转换为相应的电信号，输入到中央控制单元来对汽车的行驶实行控制。对于离合器，除了采用传统的驱动模式外，其他的驱动结构都省去了。对于挡位变速杆，为遵循驾驶员的传统习惯，一般仍需保留，有前进、空挡、倒退三个挡位，并且以开关信号传输到中央控制单元的方式来对汽车进行前进、停车、倒车控制。

（1）中央控制单元。中央控制单元（如图2-3-5所示）是电力驱动主模块的控制中心，也对整辆纯电动汽车的控制起到协调作用。它根据加速踏板与制动踏板的输入信号向驱动控制器发出相应的控制指令，从而对电动机进行起动、加速、降速、制动控制。

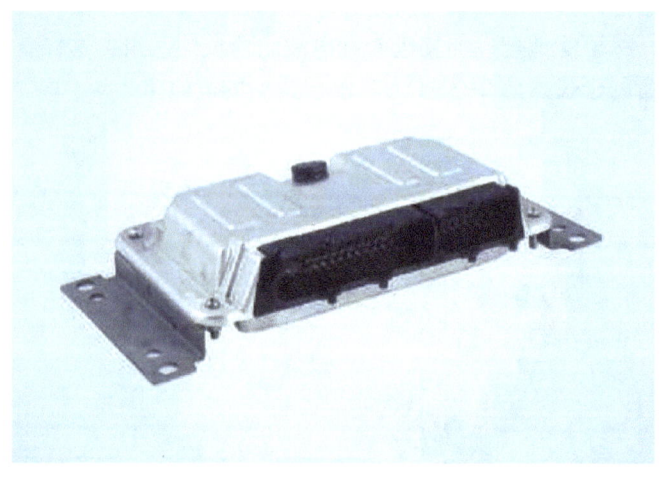

图2-3-5 中央控制单元

在纯电动汽车降速和下坡滑行时，中央控制器配合车载电源模块的能源管理系统进行发电回馈，使动力电池反向充电。对于与汽车行驶状况有关的速度、功率、电压、电流及故障诊断等信息，还需将其传输到辅助模块的驾驶室显示操纵台，进行相应的数字或模拟显示，也可采用液晶屏幕显示来提高其信息量。另外，如果驱动采用轮毂电动机分散驱动方式，那么当汽车转弯时，中央控制器需要与辅助模块的动力的硬件连线，以提高可靠性。现代汽车控制系统已较多地采用了计算机CPU总线控制方式，特别是对于采用轮毂电动机进行前后四轮驱动控制的模式，更需要运用总线控制技术来简化纯电动汽车内部线路的布局，以提高其可靠性，也便于故障诊断和维修。

（2）驱动控制器。驱动控制器的功能是按中央控制单元的指令、电动机的速度和电流反馈信号，对电动机的速度、驱动转矩和旋转方向进行控制。驱动控制器与电动机必须配套使用，目前对电动机的调速主要采用调压、调频等方式，这主要取决于所选用的驱动电动机类型。由于动力电池以直流电方式供电，所以对直流电动机主要是通过DC/DC变换器进行调压调速控制的；对交流电动机需通过DC/AC变换器进行调频调压矢量控制；对磁阻电动机则需通过控制其脉冲频率来进行调速。当汽车进行倒车行驶时，需要通过驱动控制器使电动机反转，近而驱动车轮反向行驶。当纯电动汽车处于降速和下坡滑行时，驱动控制器使电动机运行于发电状态，电动机利用其惯性发电，将电能通过驱动控制器回馈给蓄电池。

（3）电动机。电动机在纯电动汽车中被要求承担电动和发电的双重功能，即在正常行驶时发挥其主要的电动机功能，将电能转化为机械旋转能，而在降速和下坡滑行时又被要求用来发电，将车轮的惯性动能转换为电能。对电动机的选型一定要根据其负载特性来选，通过对汽车行驶时的特性分析可知，汽车在起步和上坡时要求要有较大的启动转矩和相当的短时过载能力，并有较宽的调速范围和理想的调速特性，即在起动低速时为恒转矩输出，在高速时为恒功率输出。电动机与驱动控制器所组成的驱动系统是纯电动汽车中最为关键的部件。纯电动汽车的运行性能主要取决于驱动系统的类型和性能，它直接影响着车辆的各项性能指标，如车辆在各工况下的行驶速度、加速与爬坡性能，以及能源转换效率。

（4）机械传动装置。纯电动汽车机械传动装置的作用是将电动机的驱动转矩传输给汽车的驱动轴，从而带动汽车车轮行驶。电动机本身就具有较好的调速特性，其变速机构可被大大简化，较多的是仅采用一种固定的减速装置来放大电动机的输出转矩。另外，电动机可带负载直接起动，因而省去了传统内燃机汽车的离合器。由于电动机易于实现正反向旋转，所以也就无须通过变速器中的倒挡齿轮组来实现倒车。对电动机在车架上合理布局即可省去传动轴、万向节等传动链。当采用轮毂式电动机分散驱动方式时，又可以省去传统汽车的驱动桥、机械差速器、半轴等一切传动部件，所以该驱动方式也可被称为"零传动"方式。纯电动汽车机械传动装置按所选驱动结构可以有多种组合方式。

3. 辅助模块

辅助模块包括辅助动力源、动力转向单元、电动空调系统、驾驶室显示操纵台和各种辅助装置等。各个装置的功能与传统汽车上的基本相同，其构造原理会因纯电动汽车的特点和需求而与传统汽车有所区别。

（1）辅助动力源。辅助动力源是供给纯电动汽车其他各种辅助装置所需能源的动力电源，一般为12 V或24 V的直流低压电源，它主要为动力转向、制动力调节控制、照明、电动窗门等各种辅助装置提供所需的能源。

（2）动力转向单元。动力转向单元是为实现汽车的转弯而设置的，它由方向盘、转向器、转向机构和转向轮等组成。作用在方向盘上的控制力，通过转向器和转向机构使转向轮偏转一定的角度，实现汽车的转向。为提高驾驶员的操控性，现代汽车都采用了动力转向，较理想的是采用电子控制动力转向系。电子控制动力转向系主要有电控液力转向系和电控电动转向系两类，纯电动汽车较适合于选用电控电动转向系。多数汽车为前轮转向，而工业用电动叉车常采用后轮转向。为提高汽车转向时的操纵稳定性和机动性，较理想的是采用四轮转向系统。对于采用轮毂式电动机分散驱动的纯电动汽车，由于电动机控制响应速度的提高，所以其更易于实现四轮电子差速转向控制。另外，为配合转弯时左右两侧车轮有相应差速要求的情况，还需同时控制电子差速器协调工作。

（3）驾驶室显示操纵台。驾驶室显示操纵台类似于传统汽车驾驶室的仪表盘，不过其功能会因纯电动汽车驱动的控制特点而有所增减，其信息指示更多地选用数字或液晶屏幕显示。它与前述电力驱动主模块中的中央控制单元结合，用计算机进行控制。万向电动汽车有限公司已为此研发了纯电动汽车专用的数字化电控系统，它是以 CAN 总线、嵌入式技术为核心的数字化整车电控系统，将 GPS/GPRS 集成到了车载信息系统上，提升了纯电动汽车的档次，符合环保时尚消费理念。

（4）辅助装置。纯电动汽车的辅助装置主要有照明装置、各种声光信号装置、车载音响设备、空调、刮水器、风窗除霜清洗器、电动门窗、电控玻璃升降器、电控后视镜调节器、电动座椅调节器、车身安全防护装置控制器等。它们主要是为提高汽车的操控性、舒适性、安全性而设置的，有些是必要的，有些是可选用的。与传统汽车一样，纯电动汽车多数有成熟的专用配件供应，不过选用时应考虑到纯电动汽车能源不富余的特点，特别是空调所消耗的能量比较大，应尽可能从节能方面考虑。另外，有些装置可用液压或电动两种方式来控制，一般选用电动控制较为方便。

二、汽车底盘

汽车底盘是整个汽车的基体，不仅起着支撑蓄电池、电动机、驱动控制器、汽车车身、空调及各种辅助装置的作用，而且还将电动机的动力进行了传递和分配，从而保证汽车按驾驶员的意图（加速、减速、转向、制动等）行驶。按传统汽车的归类或叙述习惯，汽车底盘应包括传动系、行驶系和制动系等系统。

对于纯电动汽车，其传动系因所选驱动方式的不同，有不少被简化或干脆省掉。

图 2-3-6 为各种电动机布置结构图。

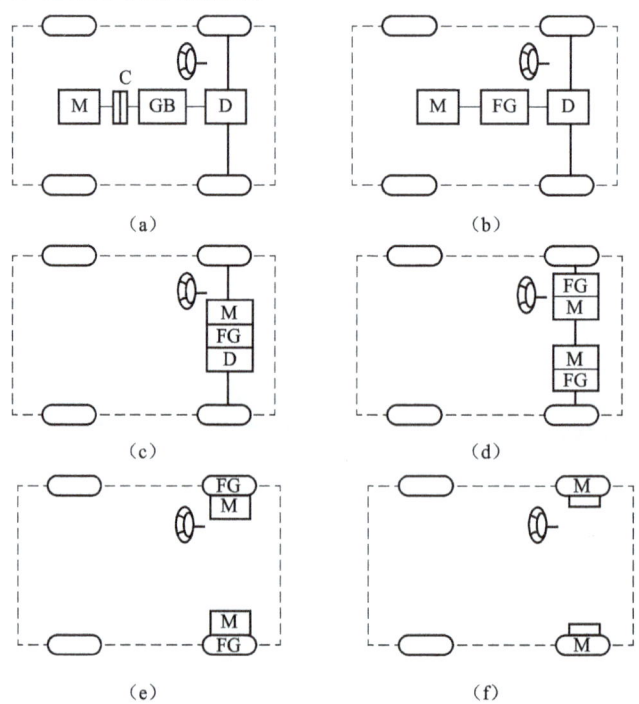

图 2-3-6　各种电动机布置结构图

C—离合器；D—差速器；FG—固定器；GB—变速器；M—电动机

行驶系包括车桥、车架、悬架、车轮与轮胎。其中，车桥若采用轮毂电动机驱动便被省去了；车架是整个汽车的装配基体，其作用主要是支承连接汽车的各零部件，承受来自车内和车外的各种载荷；悬架是车架（或车身）与车轮（或车桥）之间的一切传力连接装置的总称，主要由弹性元件、减振器和导向机构等组成，与充气轮胎一起缓和不平路面对车辆的冲击振动；车轮主要由轮辋、轮辐等组成，其内部还需安装制动器，还可能需要安装轮毂电动机，所以结构会很紧凑；为减小纯电动汽车行驶时的滚动阻力，轮胎采用子午线轮胎为好。

制动系由供能装置、控制装置、传动装置、制动器四个基本部分组成，按其功能不同被分为行车制动系、驻车制动系、应急制动系和辅助制动系等。对于纯电动汽车，由于其可利用电动机实现再生制动，进行能量回收，并且还可利用电磁吸力实现电磁制动，因此随着技术的发展其制动系也将会有较大的变化。

三、车身与纯电动汽车总体布局的特点

汽车车身主要由车身本体、开启件（各种门、窗、行李箱和车顶盖等）、座椅、内外饰附件和安全保护装置（保险杠、安全带、安全气囊等）组成。针对纯电动汽车能源少的特点，对汽车车身的外形造型应尽可能缩小其迎风面积，以降低空气阻力，并采用轻型高强度材料来减轻汽车自身的质量。车内的各个部件的布局也相当重要。由于纯电动汽车动能的传递主要是通过柔性的电缆，这减少了大量用刚性的机械件连接部件的动能传递，因此纯电动汽车各部件的布置具有较大的灵活性，并且蓄电池组也可分散布置，作为配重物来布局。纯电动汽车各个部件总体布局的原则是：符合车辆动力学对汽车重心位置的要求，并尽可能降低车辆质心高度。特别是对于采用轮毂电动机驱动实现"零传动"方式的纯电动汽车，不仅去掉了发电机、冷却水系统、排气消声系统和油箱等相应的辅助装置，还省去了变速箱、驱动桥及所有传动链，既减轻了汽车自重，也留出了许多空间，其结构可以说发生了脱胎换骨的变化。

另外，由于增加了许多动力电池，因此对于安装动力电池部位的车架强度必须有所考虑，同时为了方便动力电池的充电、维护与更换，对动力电池的安装方法和位置也要考虑其方便性。对环境温度有要求的蓄电池还需考虑散热空间及调温控制，为确保安全还需采取密封等预防措施，以防车辆在发生撞击事故时，电解液泄漏伤及人身安全。此外，还应有相应的防火措施。

通过上述对纯电动汽车的结构分析，可知它有多种组合方式，并且所需部件结构、种类也大不相同。随着技术的成熟和推广普及，究竟采用哪种结构方式来实现最高的性价比，还需要由实践来确定。与传统汽车一样，纯电动汽车也需要各部件成熟的专业生产配套、规模的流水装配制造工艺和相应的生产管理方式等。相信这些配套技术的成熟，会使得纯电动汽车的性价为大众所接受。

第四节 纯电动汽车的典型车型

随着电动汽车产业的不断发展，越来越多的车型开始出现。一些电动汽车的缺点也得到改正，比如续航里程（特斯拉的 X 系列充满电可以行使 450 km 左右，这对于一般的上班族

来说已经完全够用）。

一、比亚迪 e6

比亚迪 e6（如图 2-4-1 所示）于 2011 年 10 月在我国上市，是比亚迪继 F3DM 之后再次打造的第二款新能源车型，售价约为 30 万元。其最高车速可达 140 km/h 以上，百公里能耗约为 19.5 度电，产生的费用只相当于燃油车的 1/4，续驶里程最长可达 300 km。

图 2-4-1　比亚迪 e6 外观

比亚迪 e6 属于 Cross 跨界车型，外观融合了 SUV 和 MPV 的特点，整体时尚大气。其车身尺寸为 4 560 mm×1 822 mm×1 630 mm，轴距达 2 830 mm。

比亚迪 e6 采用电力驱动，其动力电池和起动电池均采用比亚迪自主研发生产的 ET-POWER 铁电池，即磷酸铁锂电池。该电池经过高温、高压、撞击等试验测试，安全性能非常好，短路爆炸机会不高。在能量补充方面，比亚迪 e6 可使用 220 V 民用电源慢充，快充为 3 C 充电，15 分钟左右可充满电池 80%。比亚迪 e6 已通过国家强制碰撞试验，比亚迪自己也做了大量测试，包括 8 万～10 万 km 道路耐久试验。比亚迪 e6 在软件控制方面也有了很大的改进。

较为宽大的车身内部仅设五座，人均空间较大，装载能力强大。比亚迪 e6 将庞大的电池系统放到了后备箱及后座下方。比亚迪 e6 的大身材除了为车厢提供良好的空间外，更为整车的动力驱动 ET-POWER 铁电池组提供了容身之处。

比亚迪 e6 采用了自主研发的铁电池，同时装配了终身免维护的永磁电动机，功率达到 90 kW，相当于 1.6 排量的汽油车，由于电动机的扭力大，所以加速方面不会逊色于燃油车。

二、特斯拉 Model S

特斯拉是位于美国硅谷的一家电动汽车生产公司。特斯拉 Model S（如图 2-4-2 所示）是该公司第二款量产的纯电动汽车，其轴距为 2 960 mm，车身尺寸为 4 979 mm×1 964 mm×1 435 mm。

图 2-4-2 特斯拉 Model S

在内饰方面，特斯拉 Model S 车内中控台及仪表盘配备有大尺寸液晶显示屏。中控台上的液晶显示屏尺寸为 17 英寸，几乎是 9.7 英寸苹果 iPad 显示屏的 2 倍。最为重要的是，这一显示屏集车辆行驶模式调节（舒适、正常、运动）、车辆灯光、车辆用电状况，以及导航、音乐、电话等功能于一体，并可实现分屏显示。此外，仪表盘中的显示屏同时集成了导航功能。

在动力方面，特斯拉 Model S 提供了三种不同容量的电池供消费者选择，分别为 40 kW·h、60 kW·h、85 kW·h。这三种不同容量电池将为车辆提供 256 km、370 km 和 480 km 的最大巡航里程。在充电方式上，该车可以选择传统插座充电和充电站充电两种方式。此外，特斯拉 Model S 还支持太阳能充电，对于容量为 85 kW·h 的电池，仅需 10 h 就可将电量充满。

基础款车型由静止到 100 km/h 的加速时间为 5.6 s，最高车速可达 193 km/h。特斯拉 Model S 的风阻系数仅为 0.22。

三、北汽新能源 EV200

北汽新能源 EV200（如图 2-4-3 所示）由 E150 EV 全面升级而来，在续航里程方面也从 E150 EV 的 200 km 提升至了 260 km。除了在续航里程上突飞猛进外，车辆在外观上也有很大变化。该车前格栅采用全新家族式设计，飞翼式的镀铬格栅与 LOGO 相连，并用蓝色涂装进行了处理。远近光一体式设计的前大灯与眉线式灯眉相得益彰，增加了整体的层次感。车辆的尾部造型饱满，尾灯与前大灯相互呼应。此外，该车还在尾门右下角加入"EV200"标识，表明了其与众不同的身份。

北汽新能源 EV200 最大的亮点在动力方面。该车采用了来自韩国 SK 的三元锂电池组，并搭载北汽新能源自主研发的高性能轻量化永磁同步电动机，最大输出功率为 53 kW，峰值转矩为 180 N·m，最高车速为 125 km/h。在传动方面，与发动机匹配的是电动车单速变速箱。值得一提的是，北汽新能源 EV200 三元锂电池可提供长达 6 年或 $20×10^4$ km 的超长质保，快速充满电仅需 1 h，实用性很强。

图 2-4-3　北汽新能源 EV200

在内饰方面，车辆整体风格很温馨，北汽新能源 EV200 中控台（如图 2-4-4 所示）上添加的蓝色装饰条与外观突出的"电动车"理念不谋而合。三幅式多功能方向盘造型中规中矩，左侧的功能键可以控制多媒体系统的菜单调取。仪表板中央采用了 6.2 英寸智能数显液晶大屏，能实时显示功率表、平均电耗、保养里程、车外温度等 20 多项信息。此外，中控台的 8 英寸液晶大屏也格外吸引人。EV200 的两个液晶屏能通过特定 App 与手机实现"三屏互通"，不仅能映射手机功能，而且可利用手机对车辆进行远程遥控。

图 2-4-4　北汽新能源 EV200 的中控台

练习题

一、简答题

1. 简述电动汽车电池的分类和特点。
2. 简述电动汽车电动机的分类和特点。
3. 简述纯电动汽车的构成及工作原理。

二、选择题

1. 某动力电池额定容量为 6.5 A·h，若电池以 100 A 的最大电流进行放电，且只能放出 40% 的电量，则充满电的电池能够使用（　　）。

   A. 9.36 s　　　B. 93.6 s　　　C. 936 s　　　D. 9 360 s

2. 某动力电池额定容量为 6.5 A·h，若以 90 A 的最大电流进行充电，且当前荷电状态为 40%，则需要（　　），电池的荷电状态可以达到 80%。

   A. 0.28 min　　B. 0.8 min　　C. 1.73 min　　D. 17.3 min

3. 一台四相 8/6 开关磁阻电动机，其步进角 α 为（　　）。

   A. 45°　　　　B. 35°　　　　C. 25°　　　　D. 15°

4. 某动力电池额定容量为 9 A·h，如果以 90 A 的最大电流进行充电，且当前荷电状态为 30%，则需要（　　），电池的荷电状态可以达到 85%。

   A. 3 min　　　B. 4 min　　　C. 5 min　　　D. 5.5 min

5. 充满电的电池以 80 A 的最大电流进行放电，放出 50% 的电量用了 60 s，则电池的额定容量为（　　）。

   A. 2.66 A·h　　B. 3.66 A·h　　C. 4.66 A·h　　D. 5.66 A·h

6. 一台三相 6/4 开关磁阻电动机，其步进角 α 为（　　）。

   A. 60°　　　　B. 45°　　　　C. 30°　　　　D. 15°

7. 一台三相 6/8 开关磁阻电动机，其定子有（　　）个凸极。

   A. 6　　　　　B. 8　　　　　C. 12　　　　　D. 3

8. （　　）不能作为锂离子正极材料。

   A. $LiCoO_2$　　B. $LiOH$　　C. $LiNiO_2$　　D. $LiMn_2O_4$

9. （　　）不是锂离子电池的特点。

   A. 工作电压高　B. 比能量高　C. 有记忆性　D. 成本高

10. 锂离子电池的组成主要有（　　）。

    A. 正极，负极，隔板，电解液，安全阀

    B. 正极，负极，电解液

    C. 正极，负极，电解液，隔板

    D. 正极，负极，电解液，安全阀

11. （　　）不是锂离子电池隔板的材料。

    A. 聚丙烯　　B. 聚乙烯　　C. 聚氯乙烯　　D. 聚乙烯醇

12. 作为汽车的动力，采用电动机比内燃机好的原因是（　　）。

    A. 它们可在低速的情况下产生高转矩

    B. 它们不燃烧燃料，因此不释放二氧化碳

    C. 它们静音

    D. 以上答案都对

第三章　混合动力汽车

混合动力汽车（hybrid electric vehicle，HEV）通常是指由两种不同动力源驱动的汽车，这两种动力源在汽车不同的行驶状态（如起步、低中速、匀速、加速、高速、减速或者刹车等）下分别工作，或者一起工作，通过在混合动力汽车上使用电动机，使得动力系统可以按照整车的实际运行工况要求灵活调控，而发动机保持在综合性能最佳的区域内工作，从而减小油耗与排放量。也可以认为，混合动力汽车通常是指既有蓄电池可提供电力驱动，又装有一个相对小型内燃机的汽车，是一种因为推广电动汽车的时机不成熟而开发的折中的技术产品。图 3-0-1 为混合动力汽车的布置图。

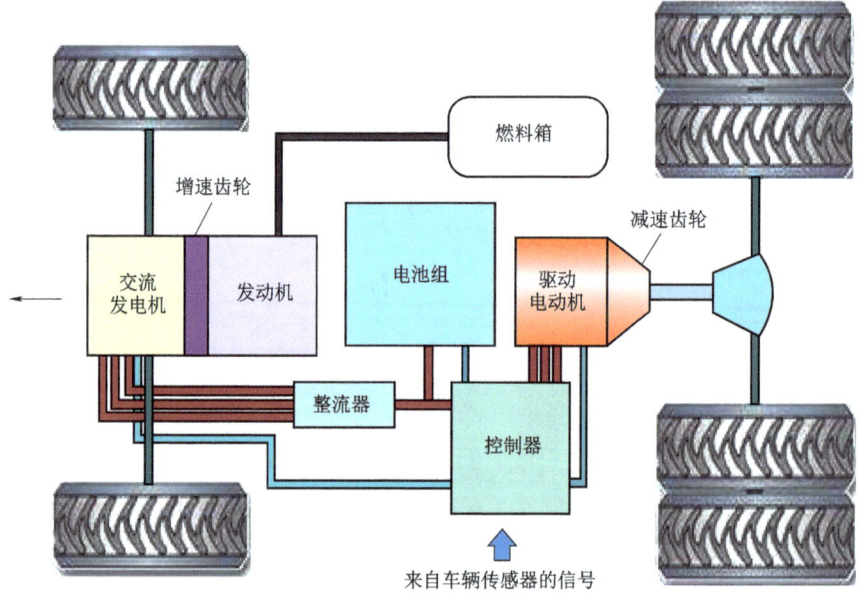

图 3-0-1　混合动力汽车布置图

从广义上来讲，混合动力汽车指的是装备有两种具有不同特点驱动装置的车辆。这两个驱动装置中有一个是车辆的主要动力来源，它能够提供稳定的动力输出，满足汽车稳定行驶的动力需求，由于内燃机在汽车上成功的应用，使之成为首选的驱动装置；另外还有一个辅助驱动装置，它具有良好的变工况特性，能够进行功率的平衡、能量的再生与存储，目前被广泛应用于电混合系统。

根据电力机动车技术委员会的建议，混合动力汽车是指由两种或两种以上的储能器、能源或转换器作驱动能源，其中至少有两种以上能提供电能的车辆。根据这个定义，混合动力汽车有很多种形式，为了避免混淆，业内通常用内燃机和蓄电池动力混合的车辆来代表混合动力汽车，把燃料电池与蓄电池混合的车型称为燃料电池电动汽车，而把蓄电池与电容器动力混合的车辆称为超级电容器辅助动力汽车，图 3-0-2 为丰田凯美瑞油电混合动力车。

图 3-0-2　丰田凯美瑞油电混合动力车

第一节　混合动力汽车的类型及其特性

一、混合动力汽车的分类

根据 2010 年颁布的《混合动力电动汽车类型》（QC/T 837—2010），混合动力汽车有多种分类方式。

1. 根据动力系统结构形式分类

按照内燃机与电动机能量流和功率流的配置结构关系，混合动力汽车可分为串联式、并联式和混联式三类。图 3-1-1 为三种驱动方式结构图。

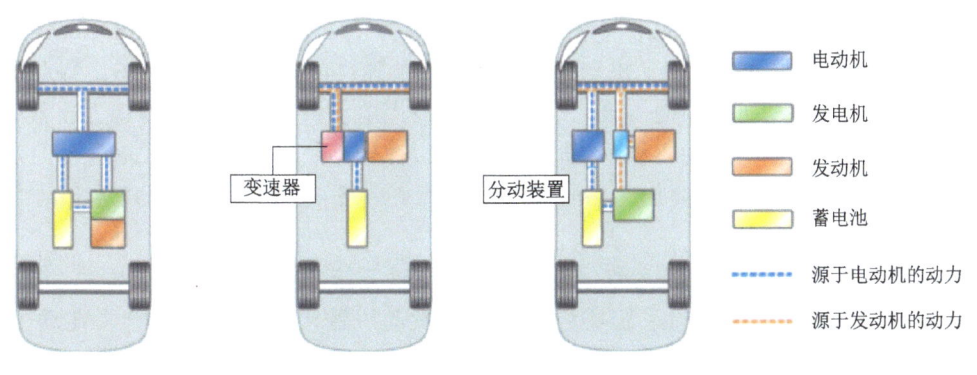

(a) 串联式混合动力汽车　　(b) 并联式混合动力汽车　　(c) 混联式混合动力汽车

图 3-1-1　三种驱动方式结构图

（1）串联式混合动力汽车。串联式混合动力汽车（serial hybrid electric vehicle，

SHEV）是将发动机、发电机、电动机三大动力总成用串联的方式组成驱动系统，通过发动机带动发电机发电，电能通过电动机控制器输送给电动机，由电动机驱动汽车行驶。动力电池可单独向电动机提供电能，驱动汽车。换言之，这种形式的混合动力汽车的驱动力只来源于电动机。发动机提供的机械能通过发电机转化为电能，一部分为蓄电池充电，另一部分则经由电动机和传动装置驱动汽车。图3-1-2为串联式混合动力汽车的驱动方式。

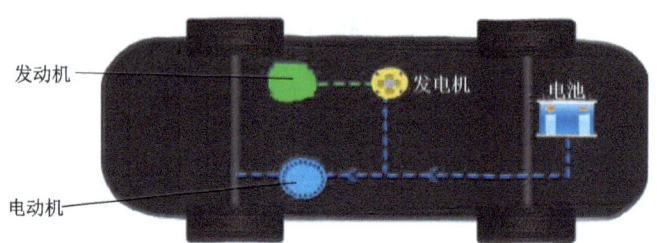

图3-1-2　串联式混合动力汽车的驱动方式

SHEV利用发动机—发电机组均衡地发电，电能供应驱动电动机或动力电池组，使SHEV的行驶里程得到延长。实际上，SHEV的发动机—发电机组只能看作一种电能供应系统，发动机并不直接参与SHEV的驱动。发动机的转速被控制在一定的范围内，不受SHEV运行工况的影响，可以保持在低能耗、高效率和低污染的状态下运转。

SHEV驱动系统的结构比较简单，动力电池组、发动机—发电机组和驱动电动机在底盘上的布置有较大的自由度，控制系统也比较简单，因为只有唯一的电动机驱动模式，其特点是动力特性更加趋近于纯电动汽车。SHEV装有一个大功率的发动机—发电机组，然后再用驱动电动机来驱动车辆。发动机、发电机和驱动电动机的功率都要求等于或接近SHEV的最大驱动功率，在热能—电能—机械能之间的转换过程中，总效率低于内燃机汽车。三大动力总成的体积较大，质量也较大，还有庞大的动力电池组，使得其在中小型汽车上布置有一定的困难，一般适合大型客车采用。

（2）并联式混合动力汽车。并联式混合动力汽车（parallel hybrid electric vehicle，PHEV）指车辆的驱动力由电动机和发动机同时或单独供给的混合动力汽车，特点是可以单独使用电动机或发动机作为动力源，也可以同时使用电动机和发动机作为动力源驱动汽车行驶。当电动机只是作为辅助驱动系统时，功率可以比较小。可见，并联式混合动力发动机的动力和电动机的动力可以叠加，共同驱动汽车行驶。图3-1-3为并联式混合动力汽车解析图。

PHEV的动力系统组成可大致分为发动机、驱动系统（变速器和驱动桥）和驱动轮等。电动机的动力要与车辆驱动系统相组合，如在发动机输出轴处进行组合，在动力组合器（包括驱动桥）处进行组合，在驱动轮处进行组合。因此，PHEV的驱动力形成了不同的组合模式。

① 发动机输出轴动力组合式PHEV只有发动机和电动/发电机两大动力设备。发动机和电动/发电机的动力在发动机输出轴上进行组合，然后通过由离合器、变速器、驱动桥和半轴组成的传统的驱动系统带动车轮行驶。

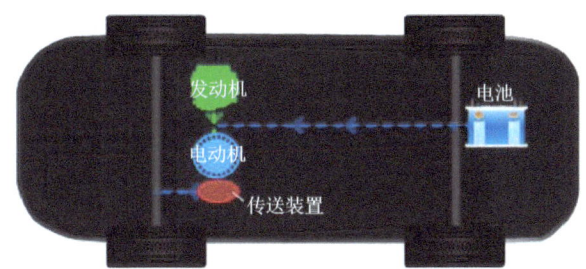

并联式混合动力系统的发动机与电动机共同驱动同一动力输出轴。系统输出动力等于发动机与电动机输出动力之和。

图 3-1-3　并联式混合动力汽车的驱动方式

② 动力组合器动力组合式 PHEV 只有发动机和驱动电动机两大动力设备。发动机和驱动电动机的动力在动力组合器上进行组合，然后通过变速器和半轴带动车轮行驶。

③ 驱动轮动力组合式 PHEV 的发动机通过离合器、变速器和驱动桥独立驱动 PHEV 的后驱动轮（前轮），驱动电动机通过减速器独立地驱动 PHEV 前驱动轮（后轮）。在混合动力驱动模式下发动机与驱动电动机共同组成四轮驱动模式，驱动 PHEV 的前驱动轮和后驱动轮。由于在发动机与驱动电动机混合驱动时，发动机和驱动电动机的动力（牵引力）在驱动轮上进行了组合，因此称为驱动轮动力组合式 PHEV。

虽然 PHEV 有不同的结构模型，但都是以发动机为主要驱动模式的。发动机被控制在低油耗、高效率和低污染的转速范围内稳定地运转。发动机直接带动 PHEV 的驱动系统驱动 PHEV 行驶，采用传动效率高的机械传动系统，没有 SHEV 在热能—电能—机械能转换过程中的能量损耗。PHEV 的发动机和驱动电动机两大动力总成都是驱动动力装置，在 PHEV 上可以实现发动机驱动模式、驱动电动机驱动模式和发动机-驱动电动机混合驱动模式三种驱动模式。发动机和发电机各自的功率，可以是 PHEV 的最大驱动功率的 0.5～1 倍，两大动力总成的功率可以叠加，因此可以采用较小功率的发动机和驱动电动机，使得整个动力总成的尺寸较小，质量较小，造价也较低，可以应用在中小型 PHEV 上。由于 PHEV 以发动机驱动模式为主要驱动模式，因此其特点是动力特性更加趋近于内燃机汽车。

（3）混联式（串、并联式）混合动力汽车。混联式混合动力汽车（parallel-serial hybrid electric vehicle，PSHEV）综合了 SHEV 和 PHEV 的结构特点，由发动机、电动/发电机和驱动电动机三大动力组成。混联式混合动力汽车的驱动系统是串联式与并联式的综合。发动机输出的功率一部分通过机械传动输送给驱动桥，另一部分则驱动发电机发电。发电机输出的电能输送给电动机或电池。电动机产生的驱动力矩通过动力合成装置传送给驱动桥。由于电动/发电机必须装在发动机的输出轴上才能让发动机飞轮和起动机发挥作用，保持发动机稳定运转并进行发电，所以电动机的动力要与车辆驱动系统相组合，如在动力组合器（包括驱动桥）处进行组合，在驱动轮处进行组合等。图 3-1-4 为混联式混合动力汽车的驱动方式。

① 动力组合器动力组合式 PSHEV 由发动机、电动/发电机和驱动电动机三大动力组成，在发动机的输出轴上装有一个电动/发电机，电动/发电机一般只用于快速起动发动机和发电。发动机和驱动电动机的动力在动力组合器上进行组合，然后通过变速器和半轴带动车轮行驶。

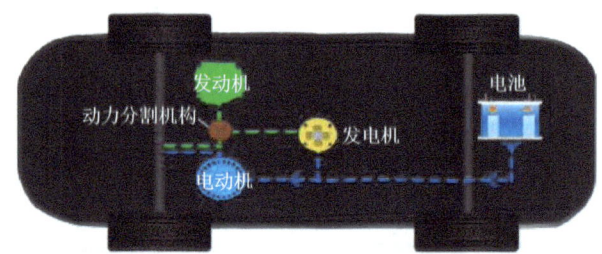

图 3-1-4 混联式混合动力汽车的驱动方式

② 驱动轮动力组合式 PSHEV 由发动机、电动/发电机和驱动电动机三大动力组成,在发动机的输出轴上,装有一个电动/发电机,电动/发电机一般只用于快速起动发动机和发电。发动机通过离合器、变速器和驱动桥独立驱动 PSHEV 的后驱动轮(前轮),驱动电动机通过减速器独立地驱动 PSHEV 的前驱动轮(后轮)。在混合动力驱动模式下发动机与驱动电动机共同组成四轮驱动模式驱动 PHEV 的前驱动轮和后驱动轮。由于在发动机与驱动电动机混合驱动时,发动机和驱动电动机的动力(牵引力)在驱动轮上组合,因此称为驱动轮动力组合式 PSHEV。

PSHEV 兼有 SHEV 和 PHEV 的优点,可以组合成更多种形式的混合驱动的驱动模式。发动机、电动/发电机和驱动电动机的功率可以是 PSHEV 总功率的 0.3~1 倍。PSHEV 特点是车辆的整备质量较小,而且性能更加完善,经济性更好,在动力性能方面接近和达到内燃机汽车的水平,有害气体的排放更少,达到了超低污染的标准要求。

2. 根据内燃机和电动机的功率大小及混合程度分类

混合动力汽车可分为微混合型、轻度混合型、重度混合型。图 3-1-5 为混合程度解析图。

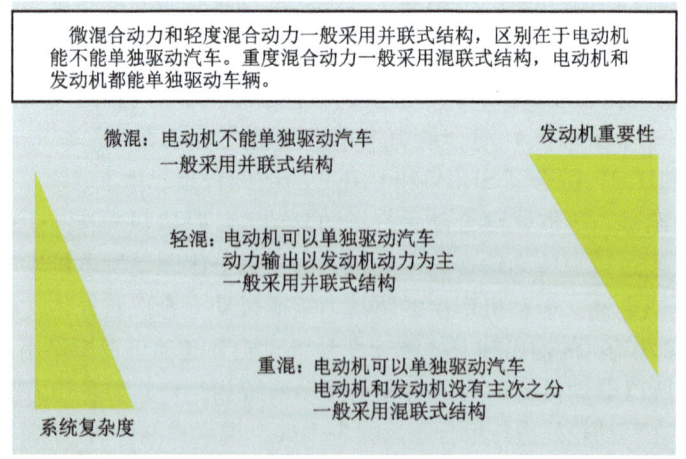

图 3-1-5 混合程度解析图

(1) 微混合动力汽车(micro hybrid electric vehicle)也称为起-停(start-stop)混合动力汽车。在微混合动力汽车中,电动机仅作为内燃机的起动机或发电机使用,不为汽车行驶提供持续的动力,通常是在传统内燃机的起动电动机(一般为12 V)上加装传动带驱动起动电动机。该电动机为发电/起动一体式电动机,用来控制发动机的起动和停止,从而取消发动机的怠速,减小了油耗和排放量。图3-1-6为微混合动力汽车。

图 3-1-6　微混合动力汽车

(2)轻度混合动力汽车(mild hybrid electric vehicle)也称为辅助驱动混合电动汽车。与微混合相比,驱动车辆的两种动力源中,依靠电池-电动机功率的比例增大,依靠内燃机功率的比例相对减少。通常,此种混合动力系统采用集成起动电动机(integrated starter generator,ISG),车辆还是以发动机为主要动力来源,助动电动机被安装在发动机和变速器之间,作为辅助动力来源与主要动力相连。当行驶中需要更大驱动力时,它被用作电动机;当需要重新起动熄火的发动机时,它被用作一个起动机。其能够实现:在减速和制动工况下,对部分能量进行吸收;在行驶过程中,发动机等速运转,发动机产生的能量可以在车轮的驱动需求和发电机的充电需求之间进行调节。图3-1-7为ISG同轴混联插电混合动力系统。

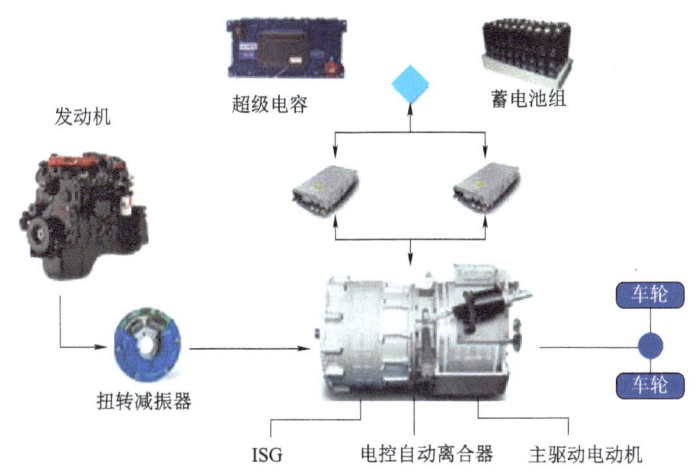

图 3-1-7　ISG 同轴混联插电混合动力系统

(3)重度混合动力汽车(full hybrid vehicle),如图3-1-8所示。重度混合动力汽车是指既可以使用汽油或电动机单独驱动车辆,也可以同时使用两种动力驱动的汽车。它们普遍采用大容量电池以供给电动机做纯电动模式运行，同时还具有动力切换装置用以实现发动机、电动机各自动力的耦合和分离。在起步、倒车、缓加速（如频繁起步和停车）、低速行驶等情况下，车辆可以以纯电动模式行驶；急加速时，电动机和内燃机一起驱动车辆，并具有制动能量回收的能力。

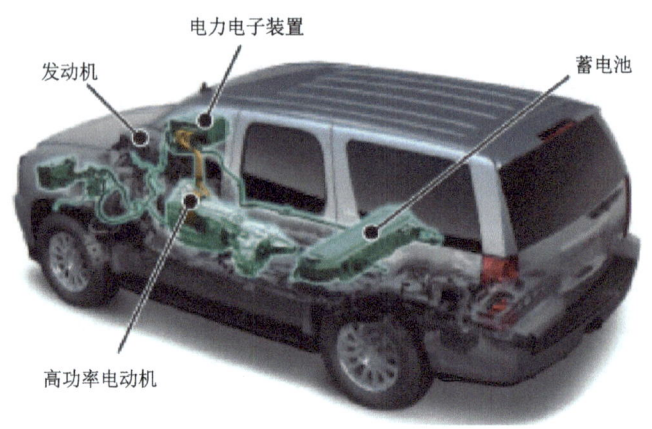

图 3-1-8　重度混合动力汽车

3. 按照外接充电能力不同分类

（1）外接充电型混合动力汽车是最新的一代混合动力汽车类型，即在混合动力汽车上增加了纯电动行驶工况，并且加大了动力电池容量，采用纯电动工况可行驶一定里程，超过该里程就起动内燃机，采用混合驱动模式。插电式混合动力汽车属于此类型，图 3-1-9 为插电式混合动力汽车。

图 3-1-9　插电式混合动力汽车

插电式混合动力汽车单独依靠电池就能行驶较长的距离，需要的时候仍可以像通常的混合动力汽车一样工作。如一辆完全靠电池行驶的插电式混合动力汽车可行驶 60 h，超过 60 h 后可以转入混合动力模式。到了目的地，再插入外接电源对电池充电。插电式混合动力汽车在解决能源供给和降低温室气体 CO_2 的排放方面具有明显优势，它既可以使用电网电源的电能，又可以使用由随车的发电机提供的电能。插电式混合动力汽车的主要优点如下。

① 具有纯电动汽车的全部优点，可利用晚间对电池充电，改善电厂发电机组效率，节省能源；降低对石化燃料的依赖，减少石油进口，增加国家能源安全；减少温室气体和各种有害物排放。

② 如果用户上下班距离较短，可用纯电动模式驾车上下班，不需使用汽油，周末则可以利用以内燃机为主的混合动力模式作长途旅游。

③ 可利用外部公用电网对车载电池组进行充电，减少去加油站加油的次数，用电比汽油便宜，可降低车辆使用成本。

（2）非外接充电型混合动力汽车必须加油，发动机驱动发电机来给电池充电，通过发动机直接驱动车轮行驶抑或是电动机与发动机二者共同驱动车轮。其代表车型有：丰田的普锐斯、雷克萨斯CT（如图3-1-10所示）、凯美瑞·尊瑞等。

图 3-1-10　雷克萨斯 CT

二、混合动力汽车的特性

混合动力汽车是当下世界范围重点研发的新能源车型之一，这主要归功于其在排放与能源管理方面的优势。但由于关键技术的发展水平不高，混合动力汽车也有着不可回避的劣势。

1. 混合动力汽车的优点

在所有的节能环保型汽车技术当中，混合动力技术被公认为是目前最可行、最现实的节能技术，这是混合动力汽车的最大优势所在。

（1）排放性能良好。一般车辆在怠速、起动时造成的污染最严重，因为此时发动机负荷大、燃油燃烧不充分；而在怠速状态的混合动力汽车发动机并不工作，因此不会有排放。混合动力汽车在起动时只有电动机工作，克服了许多排放的问题，使得发动机能保持良好的工作状态，提高了燃油效率，在很大程度上减少了尾气排放。

（2）动力性能佳。混合动力汽车可根据不同车况来选择发动机、发电机和蓄电池之间的任意组合，能形成适合车况的动力输出。当混合动力汽车达到一定速度时，车内的发动机、电动机同时工作，相较于提供同等动力的普通轿车，尤其是在爬坡、转弯、加速时，更能体现出良好的动力性能。

（3）耗油量低。根据丰田公司的测试，普锐斯在城市路况下行驶比同等排量的花冠轿车节油 44.4%，在市郊行驶则节油 29.7%。尤其在大中城市，交通拥堵现象严重，汽车起步和停车频繁，混合动力汽车的能量转化优势将体现得更加明显。

（4）相比纯电动汽车，混合动力汽车对电池的性能要求相对较低，这也是混合动力汽车能进行有效的市场推广的重要原因。

2. 混合动力汽车的缺点

由于混合动力汽车仍需要燃烧汽油，因此无法从根本上摆脱对石油的依赖并彻底解决环保问题，也因此混合动力汽车没有太大的市场号召力。

和许多新技术一样，混合动力系统的生产成本比内燃发动机系统的成本要高。混合动力汽车需要配置普通汽车并不需要的昂贵配件，如庞大笨重的电池组、电动机，以及精密的电子控制模板。因此，装载了混合动力系统的车型要比同级别车型贵 20%～30%（如丰田混合动力汽车的价格比同级别汽油车贵 4 500 美元左右）。这就妨碍了该类汽车的普及。

另外，由于受限于动力电池与能量储存等技术难题，充电站等基础配套设施目前也不完善，混合动力汽车要得到大规模发展尚需要一定的时间。

第二节 混合动力汽车的工作原理

一、串联式混合动力汽车的系统结构

1. 串联式混合动力汽车的基本工作原理及特性

串联式混合动力汽车主要由发动机、发电机和电动机三个动力总成，以串联方式组成动力单元系统。发动机仅仅用于驱动发电机发电，发电机所发出的电能供给电动机，电动机驱动汽车行驶。发电机发出的部分电能向电池充电，延长混合动力汽车的行驶里程。另外，电池还可以单独向电动机提供电能来驱动电动汽车，使混合动力汽车在零污染状态下行驶。图 3-2-1 为串联式混合动力汽车系统结构及动力流程图。

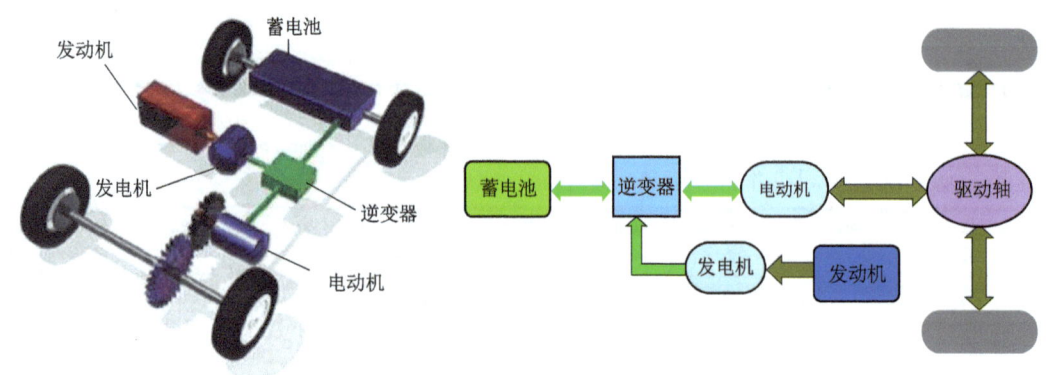

图 3-2-1　串联式混合动力汽车系统结构及动力流程图

在串联式混合动力汽车上，由发动机带动发电机所产生的电能和电池输出的电能，共同输出到电动机上来驱动汽车行驶，电力驱动是唯一的驱动模式，只有电动机直接与驱动桥相连接（这一点与纯电动汽车相同），而发动机与发电机直接连接产生电能，来驱动电动机或者给蓄电池充电。汽车行驶时的驱动力由电动机来输出，它将储存在蓄电池中的电能转化为车轮上的机械能。当蓄电池的荷电状态降到一个预定值时，发动机即开始对蓄电池进行充电。发动机与驱动系统并没有机械地连接在一起，这种方式可以在很大程度上减少发动机所受到的车辆的瞬态响应。瞬态响应的减少可以使发动机进行最优的喷油和点火控制，使其在最佳工况点附近工作。

串联式混合动力汽车的发动机能够经常保持在稳定、高效、低污染的运转状态，使有害气体排放量控制在最低范围，并可采用燃气轮机、转子发动机等其他形式的发动机。串联式混合动力汽车从总体结构上看，比较简单，易于控制，只有发电机-电动机的电力驱动系统，其特点更加趋近于电动汽车。三大部件总成在电动汽车上布置起来，有较大的自由度，但各自的功率较大，外形较大，质量也较大，在中小型电动汽车上布置有一定的困难。另外，在发动机—发电机—电动机驱动系统中的热能—电能—机械能的能量转换过程中，能量损失较大。从发动机发出的能量以机械能的形式从曲轴发出，并立即被发电机转化为电能，发电机的内阻和涡流将会产生能量损失（效率为90%～95%）。电能随后又被电动汽车电动机转变为机械能，在电动机和控制器中能量又进一步损失（平均效率为80%～85%）。串联式混合动力汽车能量转换的综合效率要比内燃机汽车低，串联式混合动力驱动系统较适合在大型客车上使用。串联式混合动力驱动系统只有一条能量提供路线，只要电力驱动系统不工作，车辆将无法驱动（与传统车辆在发动机不工作的情况下类似）。

（1）串联式混合动力汽车的优点。

① 串联式混合动力汽车结构中发动机与电动机无机械连接，这可使发动机保持在最佳工作范围内；由于动力蓄电池的蓄能作用，不管汽车处于何种工作状态，发动机都不会在怠速和其他不经济的工况下工作，且可能完全运行在其最大效率区，这明显减少了排气污染并提高了燃油经济性。

② 串联式混合动力汽车结构简单，布置灵活，一般不需要多挡的传动装置（如变速器），其结构大为简化，且成本较低（相对于其他混合动力汽车）。

③ 串联式混合动力汽车控制系统相对简单、容易设计，仅需要根据蓄电池充电状态决定发动机的运行及停止。

（2）串联式混合动力汽车的缺点。

① 源于发动机的能量被两次转换（在发电机中，由机械能转变为电能；在牵引电动机中，由电能转变为机械能），损耗是显著的。

② 发电机附加了额外的质量和成本。

③ 因为牵引电动机是唯一的驱动车辆的动力机械，故其必须按满足最大的运行性能需求定制。

2. 串联式混合动力汽车的工作模式

串联式混合动力系统主要应用于城市公交车，节油率可以达到20%左右。该系统可以实现以下工作模式。

（1）动力电池组驱动模式。发动机关闭，车辆仅由蓄电池组供电至驱动电动机，驱动车辆行驶。

（2）发动机驱动模式。车辆驱动功率仅源于发动机—发电机组，而动力蓄电池组既不供电也不被充电。发动机—发电机组供电至驱动电动机，驱动车辆行驶。

（3）混合驱动模式。驱动功率由发动机-发电机组和动力蓄电池组二者共同提供，二者共同供电至驱动电动机，驱动车辆行驶。

（4）发动机驱动和动力蓄电池组充电模式。发动机-发电机组向动力蓄电池组充电的同时，发动机-发电机组供电至驱动电动机，驱动车辆行驶。

（5）再生制动模式。发动机-发电机组关闭，驱动电动机运行于发电机工况，车辆行驶动能被转化为电能，用于向动力蓄电池组充电。

（6）动力蓄电池组充电模式。驱动电动机不接受发动机-发电机组输出的功率，发动机-发电机组向动力蓄电池组充电。

3. 串联式混合动力汽车控制策略

串联式混合动力汽车控制策略的主要目标是使发动机在最佳效率区和排放区工作，使电池、电力驱动系统、发动机-发电机组的总体效率提高。串联式混合动力汽车基本的控制策略有恒温器式控制策略、功率跟踪式控制策略等。

（1）恒温器式控制。恒温器式控制策略也被称为开关型控制策略，特征是发动机开机后即恒定地工作于效率最高点。该策略的控制逻辑如下。

① 当动力蓄电池组荷电状态（SOC）降到设定的低门限值时，发动机工作，在最低油耗或低排放工作点按恒功率输出（经发电机转化为电能），一部分功率用于满足车轮驱动功率要求，电能提供给驱动电动机；另一部分功率向动力蓄电池充电。

② 当动力蓄电池组 SOC 上升到所设定的高门限值时，发动机关闭，由动力蓄电池组提供电能给驱动电动机驱动车轮。在这种控制策略中动力蓄电池组要满足所有瞬时功率的要求，动力蓄电池组的过渡循环所引起的损失可能会减少发动机优化所带来的好处。也就是说，这种控制对发动机比较有利而对动力蓄电池组不利。

（2）功率跟踪式控制。在这种控制策略中，发动机全程跟踪车辆功率需求，根据动力蓄电池组 SOC 和车辆负荷确定发动机的开关状态和输出功率的大小。该策略的控制逻辑如下。

① 当车辆功率需求大于发动机-发电机组输出功率时，将发动机的输出功率调整为最大值；动力蓄电池组参与工作，向驱动电动机提供电能，但前提是动力蓄电池组 SOC 高于设定下限值。

② 当车辆功率需求小于发动机-发电机组最佳运行区输出功率时，此时的控制按照动力蓄电池组的 SOC 进行。当动力蓄电池组 SOC 小于设定的上限值时，发动机-发电机组的部分输出功率用于供给驱动电动机驱动车辆行驶，另一部分功率用于供给动力蓄电池组进行充电；当动力蓄电池组 SOC 达到设定的上限值时，发动机-发电机组的全部输出用于供给驱动电动机驱动车辆行驶。

③ 当动力蓄电池组的 SOC 大于 SOC 设定上限值，且仅由动力蓄电池组提供的功率能满足车辆需求时，发动机才停机或怠速运行。采用这种控制策略，动力蓄电池工作循环将消失，充放电形成的动力蓄电池组损失会被减少到最低程度。但发动机必须在从低到高的整个负荷区范围内运行，而且发动机的功率快速地变化，这会损害发动机的效率和排放性能。发

动机的功率紧紧跟随车辆功率的变化，这与传统的汽车运行相似。两种控制策略可以结合起来使用，其目的是充分利用发动机和电池的高效率区，使其达到整体效率最高。

二、并联式混合动力汽车的系统结构

1. 并联式混合动力汽车的基本工作原理及特性

并联式混合动力系统有两套驱动系统：传统的内燃机系统和电动机驱动系统。两个系统既可以同时协调工作，也可以各自单独工作驱动汽车。这种系统适用于多种不同的行驶工况，尤其适用于复杂的路况，具有结构简单，成本低的优点。图 3-2-2 为并联式混合动力汽车系统结构及动力流程图。

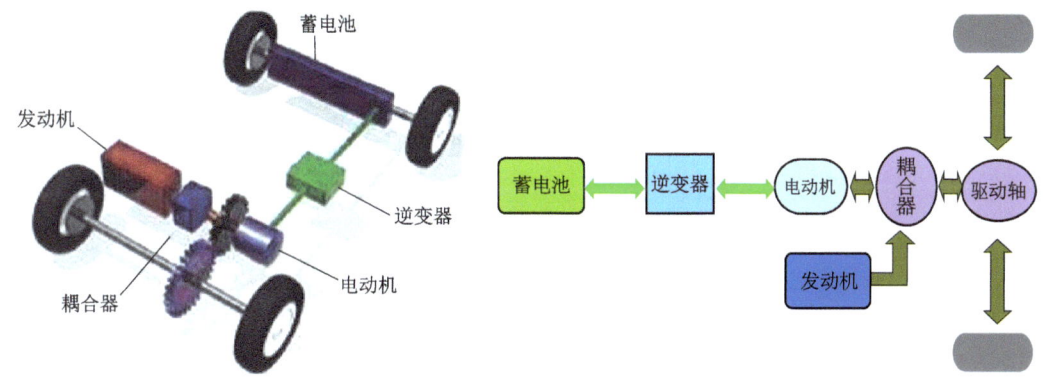

图 3-2-2　并联式混合动力汽车系统结构及动力流程图

并联式混合动力汽车保留了与传统内燃机汽车相同的发动机及其传动系统，主要由发动机、发电机/电动机和动力蓄电池组等部件组成。由动力电池组-电动机所提供的动力在原车传动系统的某一处和发动机机械传动混合，或者发动机和电动机产生的力完全分开用以驱动不同的驱动桥。并联式驱动系统可以单独使用发动机或电动机作为动力源，也可以同时使用发动机和电动机作为动力源来驱动汽车。并联式混合动力汽车的结构形式可以看成是传统的内燃机汽车附加了一个电力驱动系统。图 3-2-3 为并联式混合动力汽车示意图。

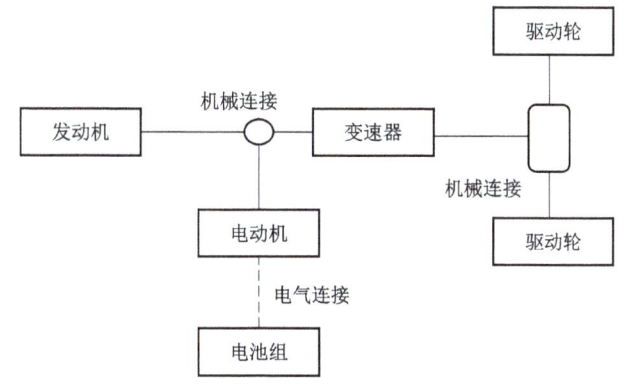

图 3-2-3　并联式混合动力汽车示意图

并联式混合动力汽车的混合动力驱动系统完成发动机和驱动电动机的机械耦合，机械耦合可以是转矩耦合、转速耦合或转矩耦合和转速耦合的组合。所谓转矩耦合是将发动机和驱动电动机的转矩一起相加，用于车辆驱动，此时混合动力驱动系统的输出转矩是发动机输出转矩和驱动电动机输出转矩的叠加，而发动机和电动机的转速必须相同或成比例。所谓转速耦合是将发动机和驱动电动机的转速叠加输出，此时混合动力驱动系统的输出转速是发动机输出转速和驱动电动机输出转速的叠加，而发动机和电动机的转矩必须相同或成比例。

（1）转矩耦合的并联式混合动力驱动系统。实现转矩耦合的装置可以是相啮合的齿轮（如变速器）、皮带传动、传动轴等机械传动装置。转矩耦合的并联式混合动力驱动系统存在多种结构形式，这里按照发动机输出轴与电动机输出轴的关系将转矩耦合驱动系统分为两轴形式、单轴形式和分离轴形式。

① 两轴形式。两轴形式的转矩耦合驱动系统如图3-2-4所示，发动机动力经过传动装置（一般为变速器）传至转矩耦合器，电动机动力经过另一传动装置传至转矩耦合器，经过转矩耦合器输出转矩叠加并传至车辆驱动桥或驱动轮。

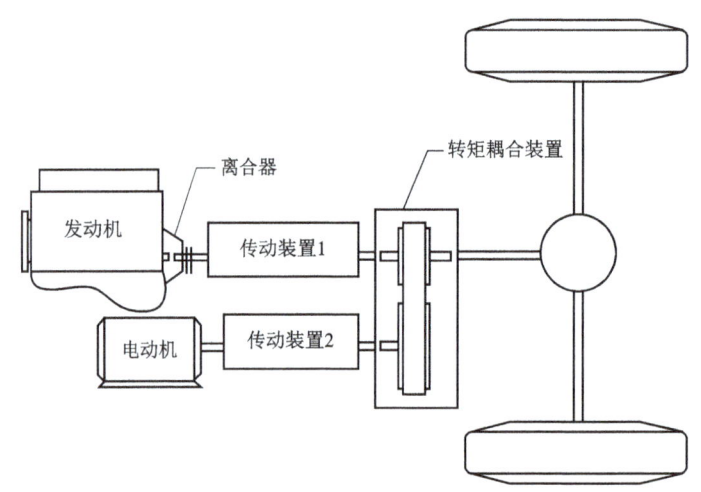

图3-2-4　两轴形式的转矩耦合驱动系统

② 单轴形式。单轴形式的转矩耦合驱动系统如图3-2-5所示，其构造简单且紧凑，电动机转子起着转矩耦合装置的作用。图3-2-5中，电动机转子轴成为发动机动力传动装置的一部分，发动机动力经过传动装置传至车辆驱动桥或驱动轮；电动机动力也通过传动装置传至车辆驱动桥或驱动轮；发动机、电动机同时工作时转矩在电动机转子轴上直接叠加，再经过传动装置传至车辆驱动桥或驱动轮。这种布置形式的传动装置可以布置在电动机的后端，电动机通过离合器与发动机相连；电动机也可以布置在传动装置之后。

③ 分离轴形式。分离轴形式的转矩耦合驱动系统如图3-2-6所示，在这种形式下发动机驱动转矩通过传动装置传至一组驱动轮，电动机驱动转矩通过传动装置传至另一组驱动轮，来自发动机、电力驱动系统的驱动转矩通过车辆底盘和行车道路相叠加，在混合驱动模式时发动机与驱动电动机共同组成四轮驱动形式。

分离轴形式特别的一点是，当车辆处于停止状态时，动力蓄电池组不可能通过发动机动能的转换来充电。

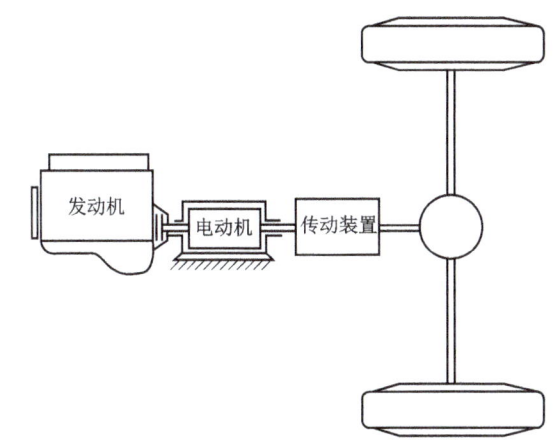

图 3-2-5 单轴形式的转矩耦合驱动系统

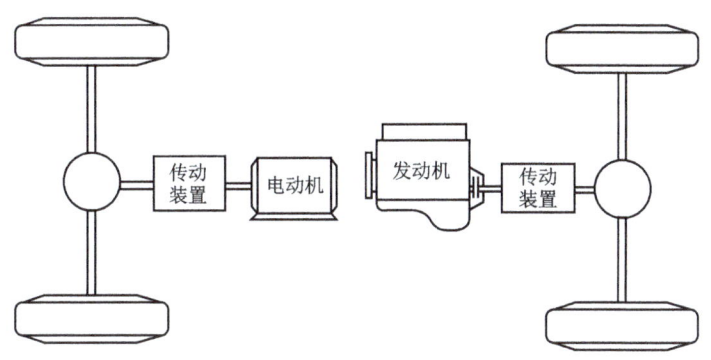

图 3-2-6 分离轴形式的转矩耦合驱动系统

（2）转速耦合的并联式混合动力驱动系统。这种混合动力驱动系统采用如下两种典型的转速耦合器件。

① 装有行星齿轮机构的转速耦合并联式混合动力驱动系统，如图 3-2-7 所示。行星齿轮机构由太阳轮、行星架、齿圈组成。发动机通过离合器和传动装置（变速器）传递动力至行星齿轮机构中的太阳轮；制动器 1 用于制动太阳轮，驱动电动机通过一对齿轮将动力传

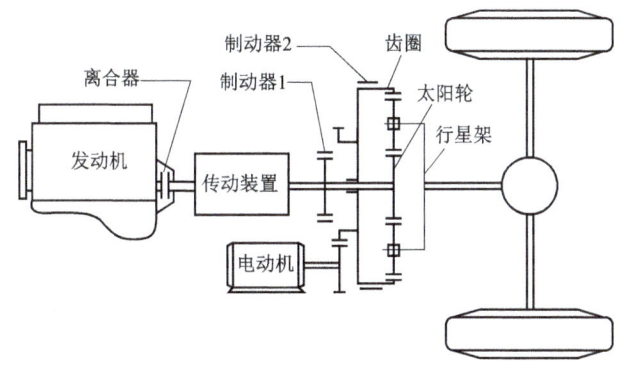

图 3-2-7 装有行星齿轮机构的转速耦合并联式混合动力驱动系统

至齿圈，制动器2用于制动齿圈；行星架输出动力，与车辆驱动桥相连。这种转速耦合的并联式混合动力驱动系统各种运行模式的工作情况如下。

发动机单独驱动车辆：制动器1不工作，制动器2工作，行星齿轮机构中齿圈固定，发动机驱动动力传至太阳轮，行星架输出动力。

驱动电动机单独驱动车辆：制动器1工作，制动器2不工作，行星齿轮机构中太阳轮固定，驱动电动机驱动动力传至齿圈，行星架输出动力。

发动机-驱动电动机混合驱动：制动器1不工作，制动器2不工作，发动机驱动动力传至太阳轮，驱动电动机驱动动力传至齿圈，行星齿轮机构中的行星架输出动力；输出转速为行星架转速，是发动机和驱动电动机转速的叠加。

再生制动：制动器1工作，制动器2不工作，驱动轮经行星齿轮机构中的行星架输入动力，传至电动机（运行在发电机状态），车辆行驶的动能转化为电能，向动力蓄电池组充电。

发动机充电：其工作情况同驱动电动机单独驱动车辆的情况，混合动力控制器或驱动电动机控制器控制电动机运行在发电机状态，发动机驱动动力部分由发电机转化为电能，向动力蓄电池组充电。

② 装有浮动转子电动机的转速耦合并联式混合动力驱动系统，如图3-2-8所示。这种形式中的电动机转子位于发动机传动系统输出轴上，电动机定子或用制动器1连接在车架（或承载式车身）上或用离合器锁定在转子轴（输出轴）上。

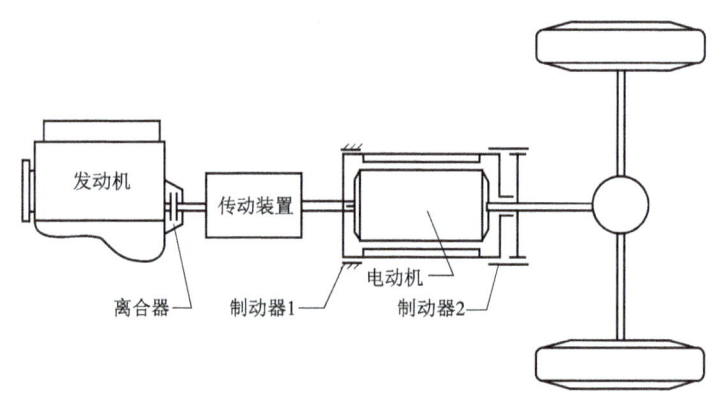

图3-2-8 装有浮动转子电动机的转速耦合并联式混合动力驱动系统

（3）转矩耦合-转速耦合组合形式的并联式混合动力驱动系统。这种混合动力驱动系统可以实现转矩耦合或转速耦合，即控制系统可以在转矩耦合、转速耦合中选取其一，这为动力装置的运行方式和运行区域优化提供了更多可能。例如，在低速时，控制系统选取转矩耦合形式，以适应高加速性能和爬坡能力的需求；在高速时，控制系统选取转速耦合形式，这有利于保持发动机转速处于最佳运行区。图3-2-9是一种转矩耦合-转速耦合组合形式的并联式混合动力驱动系统，可以将这种驱动系统看成是图3-2-4表示的转矩耦合形式的驱动系统和图3-2-7表示的转速耦合形式的驱动系统的组合。在图3-2-9中，制动器1、制动器2与图3-2-7中的制动器1、制动器2作用一致，离合器1为发动机传动系统主离合器，离合器2、离合器3用于对转矩耦合、转速耦合形式进行选取。当离合器3工作，离合器2不工作，电力驱动系统在转矩耦合形式下工作时，行星齿轮传动机构不参与工作；当离合器 3 不工作，离合器 2 工作，电力驱动系统在转速耦合形式下工作时，行星齿轮传动机构参与工作。

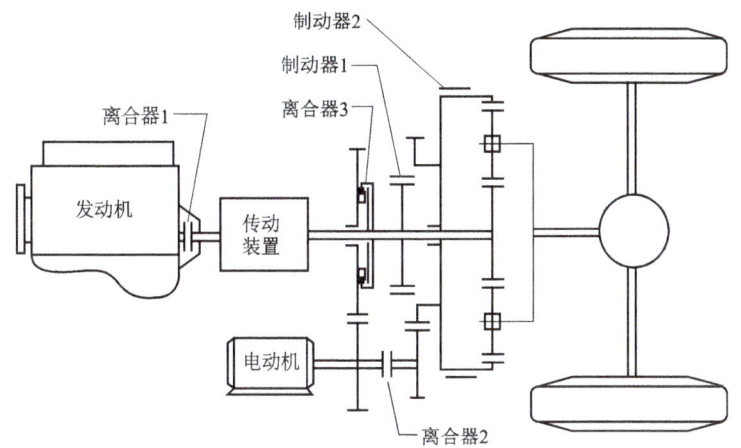

图 3-2-9 转矩耦合-转速耦合组合形式的并联式混合动力驱动系统

并联式混合动力驱动系统形式繁多，当各种驱动系统的形式及其耦合方式不同时，其特点亦有所差异，篇幅所限，在此便不多叙述。

(4) 与串联式相对比，并联式混合动力驱动系统具有以下优点。

① 由于发动机保持了与机械驱动系统的机械连接，与串联式驱动系统相比，并联式驱动系统的发动机通过机械传动机构直接驱动汽车，没有 SHEV 在热能—电能—机械能的转换过程中的能量损耗，其能量的利用率相对较高，这使得并联式的经济性一般比串联式的要高。

② 发动机与驱动电动机两个动力总成的功率可以互相叠加起来满足汽车行驶的最大功率需求，系统可采用较小功率的发动机与电动机，电池总容量可以比 SHEV 小，这使得整车动力总成尺寸小，质量也较小。

③ 以发动机驱动模式为主要驱动模式，其动力特性更加趋近于内燃机汽车；可利用现有技术，通用性好。

(5) 与串联式相对比，并联式混合动力驱动系统具有如下缺点。

① 发动机与驱动系统之间的机械连接，使得发动机的运行工况要受到汽车行驶工况的影响。当汽车行驶工况复杂时，发动机可能较多地在不良工况下运行，因此，并联驱动的排放比串联驱动的要差。

② PHEV 增加了变速装置及动力复合装置，使机械传动装置变复杂，增加了整车布置的难度。

③ 内燃机工作范围大，效率较低，环境污染较大，噪声大。

④ PHEV 的发动机与电力驱动两套系统协调工作需要较为复杂的控制系统。

2. 并联式混合动力汽车的工作模式

并联式混合动力汽车根据行驶负荷的不同，存在以下几种工作模式。

(1) 纯粹的电驱动模式。发动机关闭，离合器分离，电动机通过动力合成器提供动力，驱动汽车行驶。

（2）纯粹的发动机驱动模式。车辆的驱动功率仅源于发动机，而蓄电池组既不供电也不从传动系统中获取任何能量。此时，电动机关闭。

（3）混合驱动模式。驱动功率由发动机和蓄电池组共同提供，并通过动力合成器合成，向机械传动装置提供动力。

（4）发动机驱动和蓄电池组充电模式。发动机除提供车辆行驶所需的功率外，还向蓄电池组提供充电功率。此时，发动机的功率被动力合成器分成两部分，一部分用于驱动汽车，另一部分用于带动运行在发电机状态的电动机发电。

（5）再生制动模式。发动机关闭，而牵引电动机运行在发电机状态，通过消耗车辆的动能产生电功率，用于蓄电池组充电。

（6）停车充电模式。车辆停驶，发动机通过动力合成器带动电动机发电，向蓄电池组充电。此时，机械传动装置应备有空挡或在动力合成器与机械传动装置之间装有离合器。

3. 并联式混合动力汽车控制策略

并联式混合动力汽车可采用的有逻辑门限值控制、动态自适应控制、逻辑模糊控制和神经网络控制等几种控制策略。由于逻辑门限值控制策略快速简单、实用性较强，因此国外的样车和产品车型大部分都采用这种控制策略。采用其他三种复杂的控制策略需要采集和运算的数据量较大。以下简要介绍常用的逻辑门限值控制策略。

（1）起步工况。在车辆起步时，发动机转速低，输出转矩较小，而驱动电动机一般在低转速下具有良好的转矩特性，为此整车进入纯电动驱动工况。上述策略可简单描述为

$$SOC \geqslant SOC_{low}$$

式中：SOC_{low}——某一设定动力电池储能下限值。由电动机起动整车，否则由发动机完成起动工作，带动车辆起步。图3-2-10为起步工况能量流示意图。

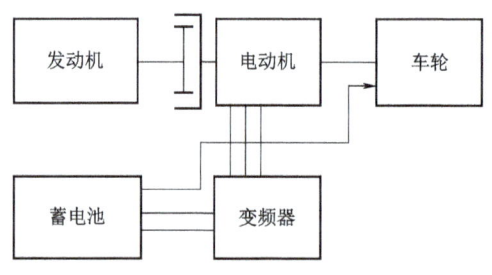

图3-2-10　起步工况能量流示意图

（2）驱动行驶工况控制策略。汽车起步后，即进入驱动行驶工况。下面针对低速小负荷行驶工况、中速中负荷行驶工况给出了不同的控制策略。

① 低速小负荷行驶工况。在轻载或低速行驶工况下，若电池SOC低于设定下限值SOC_{low}，则发动机起动工作，并恒定工作在设定的某一转矩下；在驱动汽车行驶的同时，驱动电动机给蓄电池组充电直到SOC达到平均值SOC_{ave}；若电池SOC不低于设定下限值SOC_{low}，则发动机处于关闭状态，电动机单独工作驱动汽车行驶。图3-2-11和图3-2-12为SOC与下限值处于不同关系下的能量流示意图。

② 中速中负荷行驶工况。中速中负荷行驶工况（巡航工况）是汽车行驶的主要工况，该工况下汽车的行驶功率全部由发动机提供。若电池SOC低于设定下限值，发动机在驱动

汽车行驶的同时，将驱动电动机给电池组充电；若 SOC 不低于设定的下限值，电动机处于关闭状态，发动机单独工作，驱动汽车行驶。

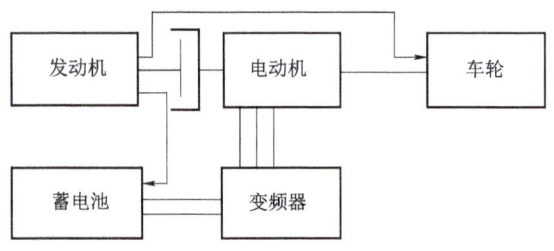

图 3-2-11　SOC 小于下限值时能量流示意图

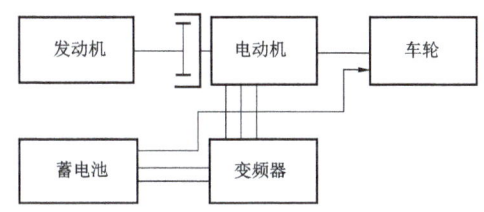

图 3-2-12　SOC 不小于下限值时能量流示意图

三、混联式混合动力汽车的系统结构

1. 混联式混合动力汽车的基本工作原理及特性

图 3-2-13 为混联式混合动力汽车系统结构与动力流程图。

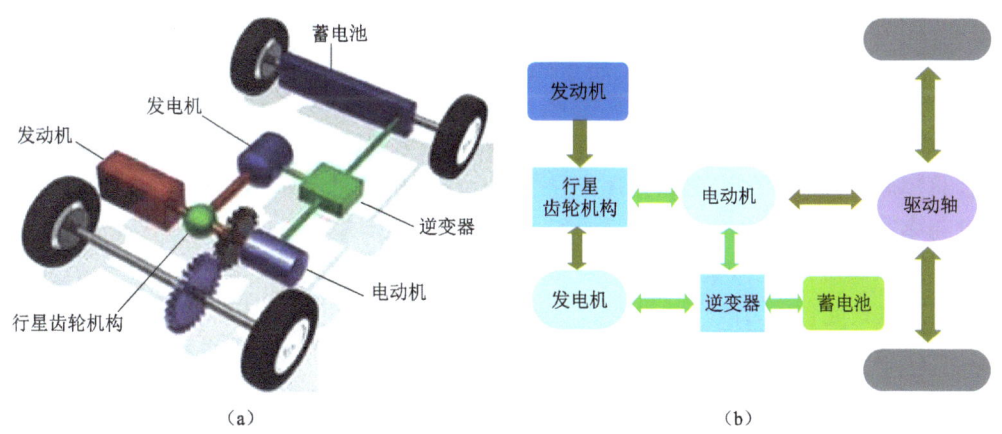

图 3-2-13　混联式混合动力汽车系统结构与动力流程图

混联式混合动力汽车综合了串联式和并联式混合动力汽车的结构组成，主要由发动机、发电机和驱动电动机三大动力总成组成。发动机基本保持稳定、高效、节能的运转，发电机和电池供给驱动电动机电能以驱动电动汽车行驶。

（1）转矩结合型混联式混合动力汽车的结构模型和驱动模式。转矩结合型混联式混合动力汽车装有发动机、电动机/发电机和驱动电动机三大部件总成。发动机通过动力分配器将一部分动力经传动轴，直接驱动电动汽车，在传动轴上还装有驱动电动机。这一部分类似并联式混合动力汽车的驱动模式。发动机还通过动力分配器将另一部分动力带动电动机/发电机向电池进行充电。电池也可以向驱动电动机提供电能，电动机也是经过传动轴来驱动电动汽车行驶的。这一部分类似串联式混合动力汽车的驱动模式。转矩结合型混联式混合动力汽车的两种基本驱动模式，可以组合成多种发动机-电动机的混合驱动模式，但其终端输出都是通过同一根传动轴来完成的。

（2）转矩结合型混联式混合动力汽车的特点。在发动机-变速器组成的驱动系统中，发动机在较窄的功率-转速范围内保持低污染、高效率和经济性的运转。采用动力分配器，可以根据电动汽车的行驶工况，将动力分配到驱动轴上并带动电动机/发电机发电，实现发动机的起动-停车的控制方式。转矩结合型混联式混合动力汽车主要的驱动模式是发动机驱动模式，它具有更高的传动效率。转矩结合型混联式混合动力汽车的总体结构很复杂，质量大，维修不便。由于它有多种驱动模式，对控制系统的功能和精度等有更高的要求，因而也增加了制造成本。

（3）转速结合型混联式混合动力汽车的结构模型和驱动模式。发动机直接带动电动机/发电机发电，然后通过串联在电动机/发电机后面同一轴上的一个离合器带动"动力组合器"驱动电动汽车。这一部分类似串联式混合动力汽车的驱动模式。另外，还可以由电池供给驱动电动机电能，驱动电动机也是通过带动动力组合器来驱动电动汽车的。这一部分类似并联式混合动力汽车的驱动模式。

（4）转速结合型混联式混合动力汽车的特点。发动机在较窄的功率-转速范围内保持低污染、高效率和经济性的运转，发动机直接带动电动机/发电机发电，主要以电力驱动模式来驱动电动汽车，使得转速结合型混联式混合动力汽车更加接近电动汽车的运行状态，而在郊外或高速公路上行驶时又可以充分发挥发动机驱动模式的效能。转速结合型混联式混合动力汽车的结构很复杂，质量大，维修不便。在转速结合型混联式混合动力汽车上，因受到动力组合器的限制，电动机的低转速、大转矩动力特性不能充分发挥出来，而这正是电动汽车在低速行驶时动力机械所需要的特性。

（5）与串联式和并联式混合动力汽车相比较，混联式混合动力汽车的结构特点如下。
① 将串联式混合动力汽车和并联式混合动力汽车相结合，具有二者的优点。
② 与串联式混合动力汽车相比，增加了机械动力的传输路线。
③ 与并联式混合动力汽车相比，增加了电能的传输路线。

（6）混联式混合动力汽车的优点如下。
① 三个动力总成比串联式混合动力汽车三个动力总成的功率、质量和体积小。
② 有多种工作模式，节能最佳，有害气体排放达到了超低污染的标准。
③ 发动机可直接驱动车辆，没有机械能—电能—机械能的转换过程，能量转换的综合效率比内燃机汽车高。
④ 电动机可独立驱动车辆行驶。电动机利用低速大转矩特性，带动车辆起步，可在城市中实现"零污染"行驶。当车辆需要最大输出功率时，电动机可给发动机提供辅助动力，因此发动机功率可选择较小的，燃料经济性比串联式混合动力汽车好。

2. 混联式混合动力汽车的工作模式

混联式混合动力汽车根据行驶负荷，存在以下几种工作模式。

（1）纯粹的电驱动模式。发动机、发电机关闭，电动机通过动力合成器提供动力，驱动汽车行驶。

（2）纯粹的发动机驱动模式。车辆驱动功率仅源于发动机，而蓄电池组既不供电也不从传动系统中获取任何能量，此时发电机、电动机关闭。

（3）混合驱动模式。驱动功率由发动机和蓄电池组共同提供，并通过动力合成器合成，向机械传动装置提供动力。

（4）发动机驱动和蓄电池充电模式。发动机除提供车辆行驶所需的功率外，还向蓄电池组充电。此时，发动机的功率被动力合成器分为两部分，一部分用于驱动汽车，另一部分用于带动发电机发电。

（5）再生制动模式。发动机关闭，而牵引电动机运行在发电机状态，通过消耗车辆的动能产生电功率，用于向蓄电池组充电。

（6）停车充电模式。车辆停驶，发动机通过动力合成器带动发电机发电，向蓄电池组充电。

3. 混联式混合动力汽车的控制策略

（1）起步工况。一般情况下，控制器根据油门踏板状态，起动驱动电动机，电池组给驱动电动机供电，以纯电动模式起动车辆；当需求功率高于设定值时，利用控制器起动发动机（当控制器给出发动机起动信号后，电池给发电机提供能量，控制器起动发电机，发电机起动发动机），如此可避免发动机怠速时高油耗、高排放的缺点。

（2）正常行驶工况。

① 串联模式行驶：当汽车在城市里行驶时，由于车辆低负载和低排放要求，车辆以串联模式运行。考虑到当发动机在低速低转矩或高速低转矩区域工作时，电池在低 SOC 和高 SOC 时工作效率都较低，因此一般采用逻辑门限制控制策略。

② 并联模式行驶：当车辆需要高速行驶，即有较高的负载要求时，电动机单独驱动已经不能使汽车获得良好的动力性能，于是离合器接合，转变为并联模式。

（3）减速工况。当车辆需要减速滑行或者减速制动时，监视器根据制动踏板信号断开离合器，同时向驱动电动机发出负力矩信号，使其处于反拖发电状态，并向电池组回馈电能。电动机转矩大小由电动机的最大充电转矩和电池系统的充电状态来决定。当制动回收充电时，机械制动系统开始工作，以确保转矩不能满足要求时车辆的制动安全性。当车速低于设定值或者电动机转速低于设定值时，电动机充电效率较低，不起动能量回收系统，直接采用机械制动。

（4）故障工况。当电动机出现故障时，采用纯发动机模式驱动；当发动机出现故障时，采用纯电动模式运行。

第三节　混合动力汽车的安全要求

一、混合动力汽车的车辆结构要求

1. 动力蓄电池

与那些锂电池、燃料电池的电动汽车电池不同的是，动力蓄电池应符合《电动汽车

安全要求 第1部分：车载可充电储能系统（REESS）》（GB/T 18384.1—2015）的要求，应保证车辆的任何地方不得有动力蓄电池产生的危险气体聚集。动力蓄电池舱应尽可能与乘客舱隔开。动力蓄电池舱应确保均匀散热和通风，使车辆在运行过程中或过程后，动力蓄电池均处于安全允许的温度范围内。动力蓄电池排出的有害气体能安全（对于车内乘员）地排放到大气中，不允许排放到乘客舱。在发生意外事故或其他故障时，动力蓄电池可能会释放出较多的有害物质，此时应使其危险降到最低限度，尤其要注意乘客舱。动力蓄电池和动力电路系统应通过断路器和熔断器进行保护。该装置应能在车辆制造厂规定的过流、动力蓄电池连接的电路出现短路的情况下，自动断开与动力蓄电池的连接电路。该装置的响应时间应由车辆制造厂根据动力蓄电池参数、动力蓄电池和电路发生过流或短路的防护方式来确定。应清晰可见地注明动力蓄电池的化学类型，以便于识别。

2. 触电防护要求

（1）为防止与动力电路系统中带电部件直接接触，高电压动力电路系统应满足下列要求（非高电压动力电路系统不做要求）。

① 车辆不得含有暴露的导线、接线端、连接单元。动力电路系统的带电部件，应通过绝缘方式或使用盖、防护栏、金属网板等来防止直接接触。这些防护装置应牢固可靠，并耐机械冲击。在不使用工具或无意识的情况下，它们不能被打开、分离或移开。

② 在乘客舱及行李箱中，带电部件在任何情况下都应由至少能提供 IPXXD 防护等级的壳体来防护。

③ 发动机舱中的带电部件应设计为只有在有意接近的情况下，才有可能接触到。

④ 打开机盖后，与系统连接的部件应具有 IPXXB 防护等级。

⑤ 车辆其他地方的带电部件，应提供 IPXXB 防护等级。

⑥ 车辆标志。动力蓄电池包及容易接触的带电部件的防护罩等应清楚地标注出来，且标志应清晰牢固。高电压配线绝缘层应统一由橙色或橙色套管构成。图 3-3-1 为高压警告/电击危险标志。

图 3-3-1　高压警告/电击危险标志

（2）防止与动力电路系统中外露可导电部件的间接接触，高电压动力电路系统须满足下列要求（非高电压动力电路系统不做要求）。

① 所有电气的设计、安装应避免相互摩擦，防止绝缘失效。

② 应通过绝缘的方法来防止间接接触，并且使车载的外露可导电部件连接在一起，达到电位均衡。

3. 动力电路系统和燃油供给系统

燃油供给系统设计的安装位置及管路应避开温度较高的热源，以及动力电路系统等可能产生电弧的地方，尤其不能在一个密闭的空间内。动力电路系统和燃油供给系统设计的安装位置及线路、管路走向应保证两个系统具有安全距离或有效隔离。车辆在各种使用条件下，供油管路与其接头不允许有泄漏。一旦发生燃油泄漏，设计上应保证绝不允许燃油流到动力蓄电池和高电压电路系统。对于使用汽/柴油之外燃料的车辆，燃油供给系统须满足相应燃料车辆标准的安全要求。

二、混合动力汽车的功能安全要求

（1）起动车辆程序。应通过一个钥匙开关起动车辆。对于需要外接充电的车辆，当车辆与外部电路（如电网、外部充电器）连接时，不能通过其自身的驱动系统使车辆移动。要防止车辆在钥匙开启状态和换挡器在"行驶"和"倒挡"位置时开动车辆。而且，应提供必要的互锁装置，除非换挡器位置选择在"停车"或"空挡"位置，否则在任何其他位置时控制器都不能向车辆传输移动的最初动力。起动钥匙只有点火开关在"关"的状态，且换挡装置在"停车"的状态时才能够拔掉。

（2）行驶和停车。车辆应通过一个明显的信号装置提示驾驶员车辆可以起步行驶，这个信号装置可以是《电动汽车操纵件、指示器及信号装置的标志》（GB/T 4094.2—2005）中规定的"运行准备就绪"信号装置。当车辆已停止且发动机不再工作时，如果车辆仍处于"可行驶"状态，或只通过一个操作动作就可使车辆处于"可行驶"状态时，则应通过一个信号（声学或光学信号）明显地提醒驾驶员。"可行驶"状态：在这种状态下，当踩下加速踏板时，车辆可能行驶。如果车辆装有在紧急情况时（如某部件过热）可限制操作的装置，则应通过一个明显的信号通知车辆使用者。当车辆处于停止状态，且钥匙开关在"关"位置时，车辆不得自动起动发动机给动力蓄电池充电。

（3）手动开关。应配备一个手动开关来断开车载动力电源（如动力蓄电池）。当车辆因维修保养或故障，不能确保高压系统绝缘时，该开关能够切断高压动力电路系统。混合动力汽车的故障防护要求在混合动力汽车非特有的系统和部件出现故障时应同内燃机车辆一样处理；电气连接件任何不期望的断开都不应导致车辆发生危险。当电流过大时，应使用一个电路保护器、切断装置或熔断器断开动力电路。

练习题

一、简答题

1. 简述混合动力汽车的分类及特点。
2. 简述串联式、混联式混合动力汽车的工作原理及控制策略。
3. 简述混联式混合动力汽车的结构特点。

二、选择题

1. 在混合动力汽车中，由于电动机驱动系统的参与，发动机的工作过程有了优化的基础。例如，采用阿特金森循环，设计非常（　　）的燃烧室，显著地（　　）排气损失和节流损失。

  A. 大；降低 B. 大；升高 C. 小；降低 D. 小；升高

 2. 常规汽车中发动机为唯一的动力装置，不利于节油的原因在于：采用奥托循环，部分负荷燃油消耗率高，泵气损失（　　），膨胀比（　　）。

  A. 大；小 B. 小；大 C. 小；小 D. 大；大

 3. 阿特金森循环发动机是在奥托循环发动机的基础上增加了一个回流过程，它包括（　　）过程。

  A. 进气、回流、排气 B. 进气、压缩、膨胀、排气
  C. 进气、回流、压缩、膨胀和排气 D. 进气、压缩、排气

 4. 阿特金森循环存在功率偏低的缺点，特别在（　　）下更加明显。

  A. 低速高负荷 B. 高速高负荷
  C. 高速低负荷 D. 低速低负荷

 5. 在低速低负荷下可以使用电动机驱动系统驱动，这样既发挥了电动机（　　）的优点，又避开了阿特金森循环（　　）下的弱点。

  A. 低速大转矩；低速低负荷 B. 高速大转矩；高速低负荷
  C. 低速大转矩；低速高负荷 D. 低速大转矩；高速低负荷

 6. （　　）是混合动力汽车实施两条或多条独立动力传动系，联合输出动力的所有部件的统称。

  A. 动力耦合装置 B. 整车综合控制器
  C. 辅助功率单元 D. 发动机

 7. 在串联混合动力汽车中，发动机-发电机组输出的直流电与动力电池组输出的直流电经过（　　）的调整后，共同向电动机控制器提供电能。

  A. 转矩耦合装置 B. 电电耦合装置
  C. 转速耦合装置 D. 功率耦合装置

 8. 在并联混合动力汽车中，（　　）负责将混合动力汽车的多个动力装置组合在一起，实现多机械动力间合理的分配并传给驱动桥，实现各种工作模式，在并联混合动力汽车开发中处于重要地位。

  A. 机电耦合装置 B. 整车综合控制器
  C. 电电耦合装置 D. 辅助功率单元

 9. （　　）是串联混合动力汽车的一种车载能量源。

  A. 机电耦合装置 B. 整车综合控制器
  C. 电电耦合装置 D. 辅助功率单元

 10. （　　）是混合动力汽车的关键部件，它基于驾驶人的操控指令、车速等整车的状态信息、混合动力系统组成部件的状态信息等，实施驾驶人的指令解析，依据制定的控制策略进行动力分配控制，依据动力电池组等的能量状态进行能量管理，对混合动力系统组成部件进行信息监控和故障诊断等，并输出合理的指令到电动机、发动机及动力耦合装置等，以满足汽车的行驶要求。

  A. 机电耦合装置 B. 整车综合控制器

C. 电电耦合装置 D. 辅助功率单元

11. 在下图中，纯电动汽车传动系统布置中的 GB 代表（　　）。

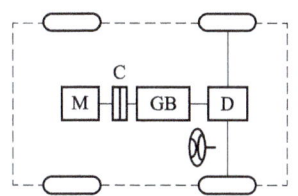

A. 离合器　　B. 差速器　　　　C. 变速器　　　　D. 电动机

12. PHEV 是（　　）汽车的简称。
    A. 纯电动汽车　　　　　　　B. 并联式混合动力汽车
    C. 插电式混合动力汽车　　　D. 燃料电池汽车

第四章 燃料电池电动汽车

燃料电池电动汽车（fuel cell electric vehicle，FCEV）实质上是电动汽车的一种，在车身、动力传动系统、控制系统等方面，燃料电池电动汽车与普通电动汽车基本相同，主要区别在于动力电池的工作原理不同。一般来说，燃料电池是通过电化学反应将化学能转化为电能，其电池的能量是通过氢气和氧气的化学作用，而不是经过燃烧直接变成电能的。电化学反应所需的还原剂一般采用氢气，氧化剂则采用氧气，因此最早开发的燃料电池电动汽车多是直接采用氢燃料。氢气的储存可采用液化氢、压缩氢气或金属氢化物等形式。燃料电池的化学反应过程不会产生有害物质，因此燃料电池电动汽车是无污染汽车。此外，燃料电池的能量转换效率比内燃机的能量转换效率要高2～3倍，因此从能源的利用和环境保护方面来讲，燃料电池电动汽车是一种理想的汽车。

燃料电池是一种把储存在燃料和氧化剂中的化学能等温地按电化学原理转化为电能的能量转换装置。燃料电池由含催化剂的阳极、阴极和离子导电的电解质构成。燃料在阳极氧化，氧化剂在阴极还原，电子从阳极通过负载流向阴极构成电回路，从而产生电能驱动负载工作。燃料电池与常规电池的不同在于，它工作时需要连续不断地向电池内输入燃料和氧化剂，通过电化学反应生成水，并释放出电能。只要保持燃料供应，电池就会不断工作，提供电能。

由于燃料电池是通过电化学反应将化学能转化为电能的，需要一定的反应时间，为使燃料电池电动汽车在起动时间、加速性等驾驶性能上达到或接近传统内燃机汽车，目前，电电混合动力（燃料电池＋二次电池）已成为国际上电动车动力技术的发展趋势，已开发的燃料电池轿车和城市客车均采用二次电池作为辅助电源，避免起动、加速等致使燃料电池系统过快加载，导致性能急速衰减。我国目前研发的燃料电池轿车和城市客车均采用燃料电池加锂离子电池的混合动力模式。图4-0-1为燃料电池电动汽车解析图。

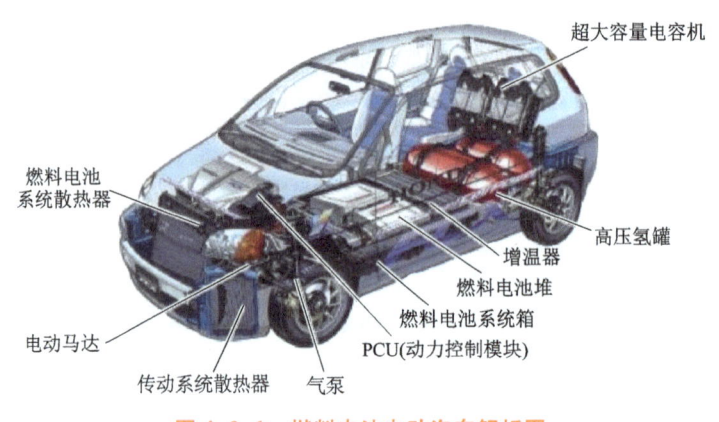

图4-0-1 燃料电池电动汽车解析图

另外，从目前锂离子电池的能量密度考虑，国际上比较认可的是仅使用锂离子电池作为单一动力源的电动汽车，合理的续驶里程在 160 km 以内。这类短程电动汽车仅适合上下班使用或城市区域内使用，一般是家庭的第二或第三辆汽车。在中国，绝大多数家庭刚开始购买或考虑购买第一辆汽车时，即使不考虑价格、充电设施等因素，这种短续驶里程的电动汽车显然也不是理想的选择。有一种技术方案是：超出 250 km 续驶里程要求的电动汽车只有采用混合动力模式，利用小型内燃机或燃料电池作为锂离子电池的在线充电电源。如果要求纯电动，其在线充电电源选择燃料电池。锂离子电池加燃料电池的电电混合动力模式应该是电动汽车的理想动力源。这种动力组合，一般锂离子电池储电能保证汽车行驶 50～80 km，通过燃料电池在线充电，总续驶里程可超过 500 km，和传统内燃机汽车相当。锂离子电池加燃料电池的电电混合动力模式，可以利用电网夜间低谷电进行充电，降低使用成本，基本能满足日常上下班使用的需要；长距离行驶时燃料电池可以在线为锂离子电池充电，可明显增加汽车的续驶里程。由于燃料电池可在线为锂离子电池浮充，使锂离子电池尽可能保持在理想工作状态，显著增加锂离子电池的使用寿命；同时燃料电池也可保持稳态运行，有效增加燃料电池的使用寿命。

根据车辆运行特点和使用环境，电电混合动力可有多种动力源组合模式。目前，总体趋势是增加二次电池在燃料电池电动汽车动力系统中的比重，实现两种动力源的共同驱动，从而保证燃料电池保持稳态运行，使用寿命提高一倍以上，同时降低燃料电池电动汽车的成本。

第一节　燃料电池电动汽车的类型及其特性

一、燃料电池电动汽车的分类

燃料电池电动汽车（FCEV）的结构形式按照不同的分类方法有多种。图 4-1-1 是燃料电池电动汽车的结构形式分类框图。

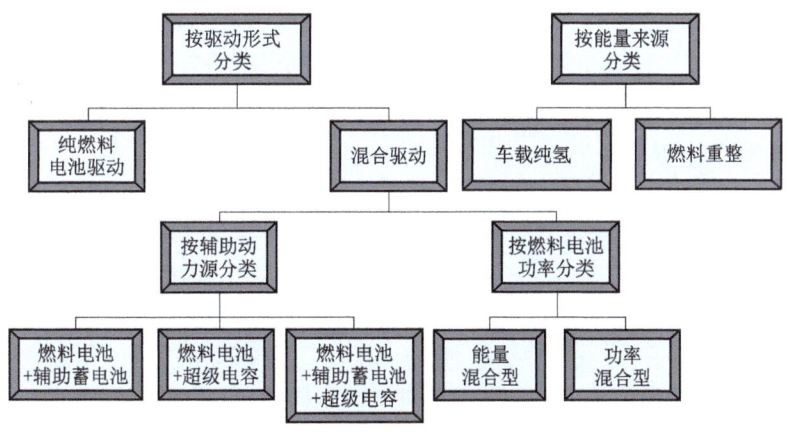

图 4-1-1　燃料电池电动汽车的结构形式分类框图

1. FCEV 按主要燃料分类

（1）以纯氢气为燃料的 FCEV。

(2) 以经过重整后产生的氢气为燃料的 FCEV。

2. FCEV 按"多电源"的配置不同分类

(1) 纯燃料电池驱动的 FCEV。纯燃料电池电动汽车只有燃料电池一个动力源，汽车的所有功率负荷都由燃料电池承担。燃料电池系统将氢气与氧气反应产生的电能通过总线传给驱动电动机，驱动电动机将电能转化为机械能再传给传动系，从而驱动汽车前进。

① 纯燃料电池驱动（PFC）的燃料电池电动汽车的主要优点如下：

系统结构简单，便于实现系统控制和整体布置；

系统部件少，有利于整车的轻量化；

较少的部件使得整体的能量传递效率较高，从而提高整车的燃料经济性。

图 4-1-2 为纯燃料电池电动汽车的动力系统结构图。

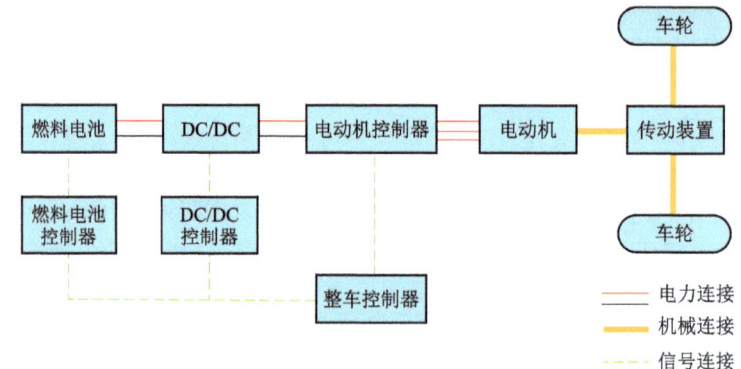

图 4-1-2　纯燃料电池电动汽车的动力系统结构图

② 纯燃料电池驱动的燃料电池电动汽车的主要缺点如下：

燃料电池功率大，成本昂贵；

对燃料电池系统的动态性能和可靠性要求很高；

不能进行制动能量回收。

基于纯燃料电池电动汽车上述这些不利因素，现在已较多地采用了混合驱动的结构形式。既以燃料电池系统作为主动力源，又增加了蓄电池组或超级电容或蓄电池组加超级电容作为辅助动力源，和燃料电池联合工作，组成混合驱动系统共同驱动汽车。

从本质上来讲，这种结构的燃料电池电动汽车采用的是类似混合动力结构。它与传统意义上的混合动力结构的不同仅在于其动力源是燃料电池而不是内燃机。在燃料电池混合驱动结构汽车中，燃料电池和辅助能量存储装置共同向电动机提供电能，通过变速机构来驱动汽车行驶。

(2) 燃料电池与辅助蓄电池联合驱动（FC+B）的 FCEV。燃料电池与辅助蓄电池混合驱动的 FCEV 动力系统简图如图 4-1-3 所示。在该动力系统结构中，有燃料电池和蓄电池两个动力源。汽车的功率负荷由燃料电池和蓄电池共同承担，即燃料电池和蓄电池一起为驱动电动机提供能量，驱动电动机将电能转化成机械能传给传动系，从而驱动汽车前进。在燃料电池和蓄电池联合供能时，燃料电池的能量输出变化较为平缓，随时间变化波动较小，而能量需求变化的高频部分由蓄电池分担。在燃料电池系统起动时，蓄电池提供电能用于空压机或鼓风机的工作、电堆的加热、氢气和空气的加湿等。在汽车制动时，驱动电动机变成发电机，蓄电池将储存回馈的能量。

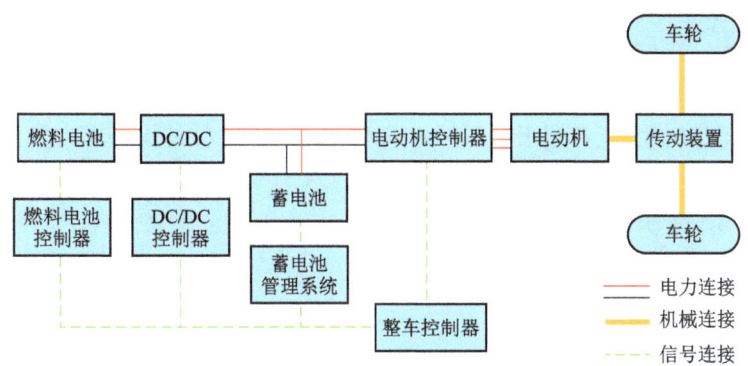

图4-1-3 燃料电池与辅助蓄电池混合驱动的FCEV的动力系统简图

① "燃料电池+辅助蓄电池"混合驱动的FCEV的主要优点如下：

由于增加了辅助蓄电池联合驱动，且辅助蓄电池的比功率价格相对低廉得多，系统对燃料电池的功率要求较纯燃料电池结构形式有很大的降低，从而较大幅度地降低了整车成本；

降低了对燃料电池动态特性的要求；

能够回收再生制动能量，增加整车的能量效率；

汽车的冷起动性能较好；

在车辆起步和功率需求量不大的时候，蓄电池可以单独输出能量；

燃料电池单独或与蓄电池共同提供持续功率，在车辆起动、爬坡和加速等峰值功率需求时，蓄电池能提供峰值功率；

由于蓄电池分担了能量需求变化的高频部分，燃料电池可以比较好地在设定的工作条件下工作，工作时燃料电池的效率进一步得到提高；

蓄电池技术比较成熟，可以在一定程度上弥补燃料电池技术上的不足。

② "燃料电池+辅助蓄电池"混合驱动的FCEV的主要缺点如下：

蓄电池的使用增加了驱动系统的质量、体积和复杂性，使整车的动力性和经济性受到影响；

蓄电池充放电过程会有能量损耗，影响了能量转换效率；

增加了蓄电池的维护和更换费用；

系统的复杂化增加了系统控制和整体布置的难度。

尽管"燃料电池+辅助蓄电池"混合驱动的FCEV还存在一定的问题，但目前燃料电池电动汽车动力系统的一般结构还是FC+B组合。

可用于电动汽车的蓄电池包括铅酸电池、镍镉电池、镍锌电池、锌空气电池、铝空气电池、钠硫电池、钠镍氯化物电池、锂聚合物电池和锂离子电池等多种类型。

现在FC+B混合驱动系统主要有燃料电池直接混合系统和动力电池直接混合系统两种结构形式。

（3）燃料电池与超级电容联合驱动（FC+C）的FCEV。燃料电池与超级电容混合驱动的FCEV和燃料电池与辅助蓄电池混合驱动的FCEV结构类似，只是把辅助蓄电池换成了超级电容。在该动力系统结构中，有燃料电池和超级电容两个动力源。汽车的功率负荷由燃料电池和超级电容共同承担,即燃料电池和超级电容一起为驱动电动机提供能量,驱动电动机将电能转化成机械能传给传动系,从而驱动汽车前进。

蓄电池寿命短,成本高,使用要求复杂;而超级电容充放电效率高,能量损失小,比蓄电池功率密度大,在回收制动能量方面比蓄电池有优势,循环寿命长,使用成本低,但是超级电容的能量密度较小。随着超级电容技术的不断进步,这种结构将成为重要的研究课题及发展方向,有利于 FCEV 的商业化推广和应用。图 4-1-4 为燃料电池与超级电容混合驱动的 FCEV 的动力系统简图。

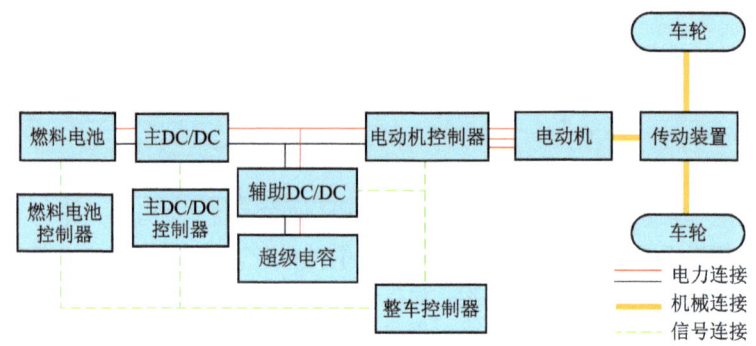

图 4-1-4　燃料电池与超级电容混合驱动的 FCEV 的动力系统简图

（4）燃料电池与辅助蓄电池和超级电容联合驱动（FC+B+C）的 FCEV。燃料电池与辅助蓄电池和超级电容混合驱动的 FCEV 的动力系统简图如图 4-1-5 所示。它是在燃料电池与辅助蓄电池混合驱动的 FCEV 的电压总线上再并联一组超级电容,用于提供加速或吸收紧急制动的尖峰电流,减轻蓄电池负担,延长其使用寿命。

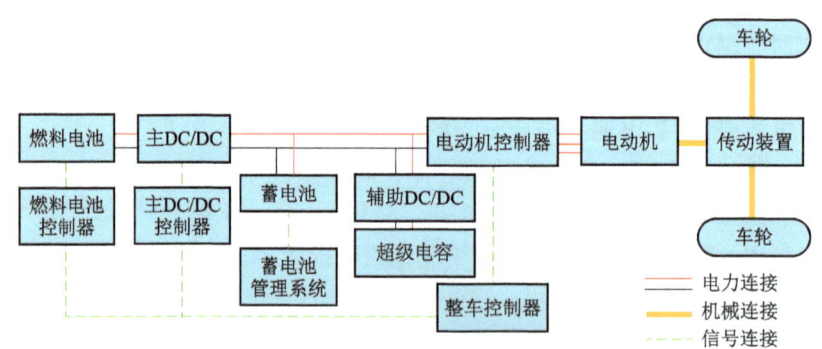

图 4-1-5　燃料电池与辅助蓄电池和超级电容混合驱动的 FCEV 的动力系统简图

这种动力系统结构,燃料电池、蓄电池和超级电容一起为驱动电动机提供能量,驱动电动机将电能转化成机械能传给传动系,从而驱动汽车前进;在汽车制动时,驱动电动机变成发电机,蓄电池和超级电容将储存回馈的能量。

① 与燃料电池+辅助蓄电池混合驱动的 FCEV 相比较,燃料电池与辅助蓄电池和超级电容联合驱动的 FCEV 优势更加明显,尤其是在部件效率、动态特性、制动能量回馈等方面。在采用燃料电池、蓄电池和超级电容联合供能时,燃料电池的能量输出更为平缓,随时间变化波动较小,而能量需求变化的低频部分由蓄电池承担,能量需求变化的高频部分由超级电

容承担。各动力源的分工更加明细，使得它们的优势也得到了更好的发挥。

② 燃料电池与辅助蓄电池和超级电容联合驱动的FCEV缺点也一样更加明显：

增加了超级电容，整个系统的质量增加；

增加了超级电容，系统更加复杂化，系统控制和整体布置的难度也随之增大。

综合对比上述三种混合驱动结构形式，FC+B+C组合被认为能够最大限度地满足整车的起动、加速、制动的动力和效率需求，若能够对系统进行很好的匹配和优化，这种结构在给汽车带来良好的性能方面具有更大的吸引力，但其成本最高，结构和控制也最为复杂。目前燃料电池电动汽车动力系统的一般结构仍是FC+B组合。

3. 按燃料电池所提供的功率占整车总需求功率的比例分类

（1）能量混合型FCEV。能量混合型FCEV的特点是燃料电池所提供的功率占整车总需求功率的比例较小。燃料电池只能提供一部分车辆行驶需求功率，不足部分还需要其他动力源如蓄电池或超级电容提供。

这种混合型FCEV结构形式的优点是燃料电池可常在系统效率较高的额定功率区域内工作；缺点是须配备较大容量的蓄电池，故整车整备质量增加，动力性变差，整车布置空间紧张。此外，每次运行结束后，除要加注氢燃料外，还需用地面电源为电池充电。

（2）功率混合型FCEV。功率混合型FCEV的特点是燃料电池所提供的功率占整车总需求功率的比例较大。燃料电池为主动力源，蓄电池或超级电容为辅助动力源。车辆行驶需求功率主要由燃料电池提供，蓄电池只是在燃料电池起动、车辆爬坡和加速时提供功率，在车辆制动时回收再生制动能量。

这种混合型FCEV结构形式的优点是可减小蓄电池容量，利于减轻车重，提高车辆动力性；缺点是须配备较大功率的燃料电池，故整车成本较高。燃料电池工作随车辆工况波动较大。

二、燃料电池电动汽车的特性

燃料电池电动汽车是当下世界范围重点研发的新能源车型之一，主要在于其在排放与能源管理方面的优势。但由于既有关键技术的发展水平不高，因此燃料电池电动汽车也有着其不可回避的劣势。

1. 燃料电池电动汽车的优点

与传统汽车、纯电动汽车技术相比，燃料电池电动汽车具有以下优点。

（1）零排放或近似零排放，绿色环保。燃料电池电动汽车在本质上是一种零排放汽车，燃料电池没有燃烧过程，若以纯氢作燃料，通过电化学的方法，将氢和氧结合，生成物是清洁的水；采用其他富氢有机化合物用车载重整器制氢作为燃料电池的燃料，生成物除水之外还可能有少量的CO_2，但其排放量比内燃机要少得多，且没有其他污染物（如氧化氮、氧化硫、碳氢化合物或微粒）排放问题，接近零排放。与传统汽车相比，燃料电池电动汽车既减少了机油泄漏带来的水污染，又降低了温室气体的排放。

（2）能量转换效率高，节约能源。燃料电池的能量转换效率极高。燃料电池没有活塞或涡轮等机械部件及中间环节，不经历热机过程，不受热力循环（卡诺循环）限制，故能量转换效率高，燃料电池的化学能转换效率在理论上可达100%，实际效率已达60%～80%，是普通内燃机热效率的2～3倍（汽油机和柴油机汽车整车效率分别为16%～18%和22%～24%）。因此，从节约能源的角度来看，燃料电池电动汽车明显优于使用内燃机的传统汽车。

（3）燃料多样化，优化了能源消耗结构。燃料电池所使用的氢燃料来源广泛，自然界中，氢能大量存储在水中，可采用水分解制氢，也可以取自天然气、丙烷、甲醇、汽油、柴油、煤及再生能源。燃料来源的多样化有利于能源供应安全和利用现有的交通基础设施（如加油站等）。燃料电池不依赖石油燃料，各种可再生能源可以转化为氢能加以有效利用，减少了对石油资源的依赖，优化了交通能源的构成。

（4）续驶里程长，性能优于其他电池的电动汽车。采用燃料电池发电系统作为能量源，克服了纯电动汽车续驶里程短的缺点，其长途行驶能力及动力性已经接近于传统汽车。燃料电池电动汽车可以车载发电，只要带上足够的燃料，它就可以把我们送到任何想去的地方。燃料电池电动汽车在成本和整体性能上（特别是行程和补充燃料时间上）明显优于其他电池的电动汽车。

（5）过载能力强。燃料电池除了在较宽的工作范围内具有较高的工作效率外，其短时过载能力可达额定功率的 200% 或更大，适合于汽车的加速、爬坡等工况。

（6）运行平稳、噪声低。燃料电池属于静态能量转换装置，除了空气压缩机和冷却系统以外无其他运动部件，因此与内燃机汽车相比，摆脱了马达的轰鸣，运行过程中噪声和振动都较小。

2. 燃料电池电动汽车的缺点

汽车业界普遍认同的一个观点是，燃料电池技术是内燃机技术最好的替代物，代表了汽车未来的发展方向。但如果将发展燃料电池电动汽车的几个制约因素考虑进来，则会发现燃料电池电动汽车目前和今后一段时间尚不具备商业化的条件。

（1）燃料电池电动汽车的制造成本和使用成本过高。制约燃料电池电动汽车推广应用的最大因素之一是燃料电池的生产成本一直居高不下。如何降低燃料电池的生产成本成为燃料电池电动汽车实用化的关键。有关专家估计，只有当燃料电池的生产成本降至 50 美元/kW 的水平时才能为消费者所接受。也就是说，当一台 80 kW 的汽车用燃料电池的成本降到目前汽油发动机的 3 500 美元的价格时，才能创造巨大的市场效益。从市场经济学角度讲，高成本很难完成市场化推广，而无法实现市场化就不可能大规模批量生产，进而成本就无法降下来，最终导致成本与销售的恶性循环。

另外，燃料电池电动汽车的使用成本也过高，氢气的售价并不低廉，因此燃料电池电动汽车的运行成本并不令人乐观。目前，由燃料电池发电系统提供 1 kW·h 电能的成本远高于各种动力电池，这从一个侧面反映了作为汽车动力源，燃料电池商业化还有相当远的距离。

（2）起动时间长，系统抗振能力还需提高。采用氢气为燃料的 FCEV 起动时间一般需要超过 3 min，而采用甲醇或者汽油重整技术的 FCEV 起动时间则长达 10 min，比起内燃机汽车起动时间长得多，影响其机动性能。此外，当 FCEV 受到振动或者冲击时，各种管道的连接和密封的可靠性需要进一步地提高，否则会引起泄漏，降低效率，严重时引发安全事故。

（3）经济且无污染地获取纯氢燃料还存在技术难点。通过重整或改质技术转化传统的化石燃料获取纯氢天然气，不仅要消耗大量的能量，而且没有从根本上摆脱对化石能源的依赖，也没有从根本上消除对环境的污染。自然界中，氢能大量存储在水中，虽然取之不尽，但直接使用热分解或电解的办法从水中制氢显然不划算。因此多数科学家都将目光转向了利用太阳能，但是还存在许多技术障碍。目前，他们正在进行太阳能分解水制氢、太阳能发电电解水制氢、阳光催化光解水制氢、太阳能生物制氢等方面的研究。只有到了能以再生性能源廉价地生产出氢燃料，氢燃料电池民用汽车的燃料问题才算获得根本性解决。

（4）氢燃料电池电动汽车燃料的供应还有大量的技术问题有待解决。通常氢能以三种状态存储和运输：高压气态、液态和氢化物形态。用常用的压缩气体罐储存的氢，只能供燃料电池电动汽车行驶150 km，续驶里程太短，还不如蓄电池驱动的汽车。由于氢气是最小的分子，很容易造成泄漏。哪怕是微量的泄漏，都有可能造成极度可怕的后果。而在-253 ℃的条件下储存液氢的深度制冷技术目前还很不成熟。就全球来说，目前能够加液氢的加氢站也没有几家。值得欣慰的是，储氢材料的开发已取得了一定的进展。

（5）供应燃料辅助设备复杂，且质量和体积较大。在以甲醇或者汽油为燃料的FCEV中，经重整器出来的"粗氢气"含有使催化剂"中毒"失效的少量有害气体，必须采用相应的净化装置进行处理，这就增加了结构和工艺的复杂性，并使系统变得笨重。目前普遍采用氢气燃料的FCEV，因需要高压、低温和防护的特种储存罐，导致体积庞大，也给FCEV的使用带来了许多不便。

（6）稀有金属铂（Pt）被大量应用也制约着燃料电池电动汽车的推广应用。稀有金属铂作为燃料电池必不可少的反应催化剂，按照现有燃料电池对铂的消耗量，即使地球上所有的铂储量都用来制作车用燃料电池，也只能满足几百万辆车的需求。

（7）加氢站基础设施建设几乎为零。目前，全球范围内投入使用的加氢站仅有100多家，且大部分是用于实验用途。如果说技术和成本是科研机构和企业通过努力可以自行解决的，那么相应的配套设施建设则不是举一人之力就可以完成的，还需要国家政策、产业链条、基础设施建设等多方面的准备，并及时制定完善的行业标准和规范。加氢站基础设施建设，既涉及城市规划、交通、电力等问题，又要解决投资和经营者的获利问题，同时还要有效解决加氢的核心技术和统一标准等问题。对于有一定行驶区间的公交车而言，这些问题可能容易解决，但是对于私家车而言要解决这些问题就比较棘手了。

第二节　燃料电池电动汽车的工作原理

燃料电池电动汽车（FCEV）与其他电动汽车的根本区别是所用的动力源以燃料电池为主，而其电动机驱动、传动机构及汽车所需的各种辅助功能等与其他电动汽车基本类同。因此，本节主要介绍燃料电池电动汽车的基本结构、燃料电池系统等内容。

燃料电池电动汽车的结构有多种形式，按照驱动形式，可分为纯燃料电池驱动和混合驱动两种形式。目前燃料电池电动汽车绝大多数采用的是混合式燃料电池驱动系统，在以燃料电池系统作为主动力源的同时，又增加了蓄电池组或超级电容作为辅助动力源。燃料电池可以只满足持续功率需求，借助辅助动力源提供加速、爬坡等所需的峰值功率，而且在制动时可以将回馈的能量存储在辅助动力源中。

燃料电池电动汽车主要由储氢罐、燃料电池组、电动机控制系统、驱动电动机、超级电容或辅助蓄电池及热交换器等部件组成。图4-2-1为燃料电池电动汽车的结构组成。

燃料电池虽然称电池但却不是电池，而是相当于一台氢燃料发电机。它由正极、负极和夹在正负极中间的电解质板组成。

工作时给负极供给燃料（氢），给正极供给氧化剂（氧）。氢在负极分解成正离子H^+和

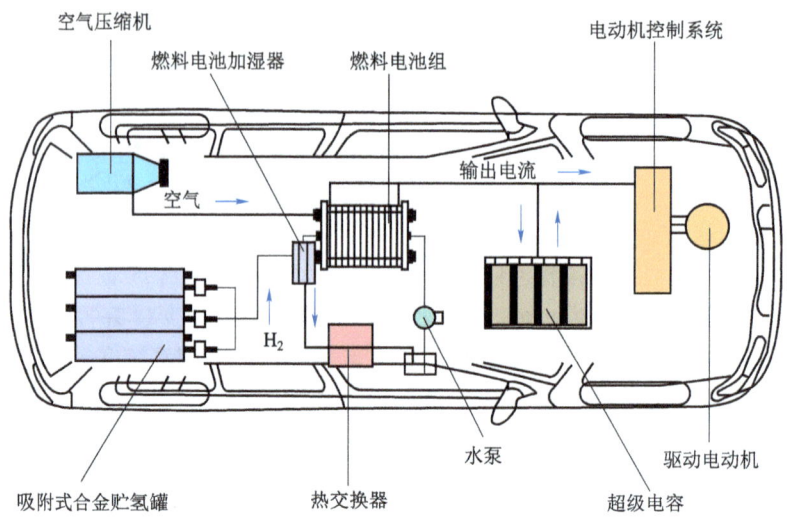

图 4-2-1　燃料电池电动汽车的结构组成

电子 e-：$H_2 \rightarrow 2H^+ + 2e^-$，氢离子进入电解质中，而电子则沿外部电路（含负载）移向正极。图 4-2-2 为燃料电池的发电原理。

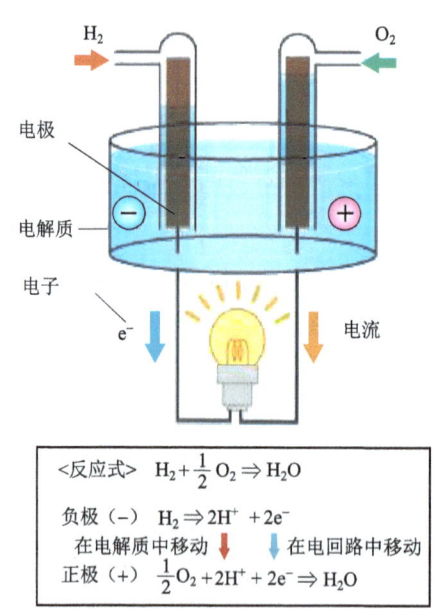

图 4-2-2　燃料电池的发电原理

氧在正极获得氢离子和电子反应为水：$O_2 + 4H^+ + 4e^- \rightarrow 2H_2O$。可见，这正是水的电解反应的逆过程，且燃料电池唯一的排放物是水。燃料电池所使用的燃料有氢气、甲醇、甲烷、乙烷、甲苯、丁烯、丁烷等有机燃料，汽油、柴油和天然气等燃料，有机燃料和气体燃料必须经过重整器"重整"为氢气后，才可成为燃料电池的燃料。

最初，电解质板是利用电解质渗入多孔的板而形成的，现在已发展为直接使用的固体电解质材料。

氢燃料电池电动汽车的燃料供应通常有三种方式：高压气态、液态和氢化物形态。

用压缩气体罐储存的氢，由于能量密度低，使得续驶里程受到限制，一般只能供燃料电池电动汽车行驶 150 km 左右。此外，由于氢气是最小的分子，故很容易造成泄漏。哪怕是微量的泄漏，都会造成可怕的安全事故。

采用-253 ℃深度制冷技术使氢气成为液态，虽然能量密度高，但由于热绝缘技术存在一定难度，并且由液态转化为气态过程中能量损失大，将其推向市场还存在较大技术难题。

可喜的是，储氢材料的开发已取得令人鼓舞的进展。氢的化学特性活跃，它可以同许多金属或合金化合，吸收氢之后形成一种金属氢化物，其中有些金属氢化物的氢含量很高，甚至高于液氢，并且这类金属氢化物在一定温度条件下会分解，把所吸收的氢释放出来，成了一种良好的储氢材料。还有，具有复杂的纳米结构的石墨纤维，其单位质量可以吸收 20% 的氢气。

一、燃料电池发动机系统

1. 氢燃料电池发动机系统

（1）氢气供应、管理和回收系统。气态氢通常用高压储气瓶来装载。液态氢的比能量虽然高于气态氢的比能量，由于液态氢处于高压状态，不但需要用高压储气瓶储存，还要用低温保温装置来保持低温，低温的保温装置是一套复杂的系统。

（2）氧气供应和管理系统。氧气的来源有从空气中获取或从氧气罐中获取两种。从空气中获取需要用压缩机来提高压力，以增加燃料电池反应的速度。

（3）水循环系统。燃料电池发动机在反应过程中产生水和热量，在水循环系统中用冷凝器、气水分离器和水泵等对反应生成的水和热量进行处理，其中一部分水可以用于空气的加湿。

（4）电力管理系统。燃料电池所产生的是直流电，需要经过 DC/DC 变换器进行调压，在采用交流电动机的驱动系统中，还需要用 DC/AC 逆变器将直流电转换为三相交流电。以氢气为燃料的燃料电池发动机的各种外围装置的体积和质量，占燃料电池发动机总体积和质量的 1/3～1/2。图 4-2-3 为氢燃料电池发动机系统。

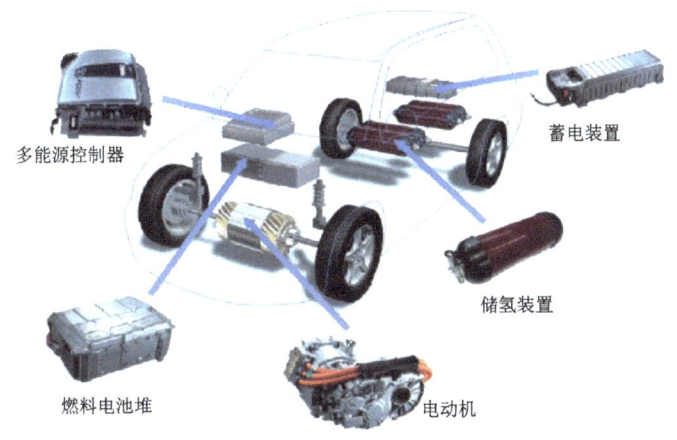

图 4-2-3　氢燃料电池发动机系统

2. 甲醇燃料电池发动机

在以甲醇为燃料的燃料电池发动机系统中，用甲醇供应系统代替了上述的氢气供应系统。甲醇供应系统包括甲醇储存装置、泵、管道、阀门、加热器及控制装置等。图4-2-4为以甲醇为燃料的燃料电池发动机系统，具体工作特点如下。

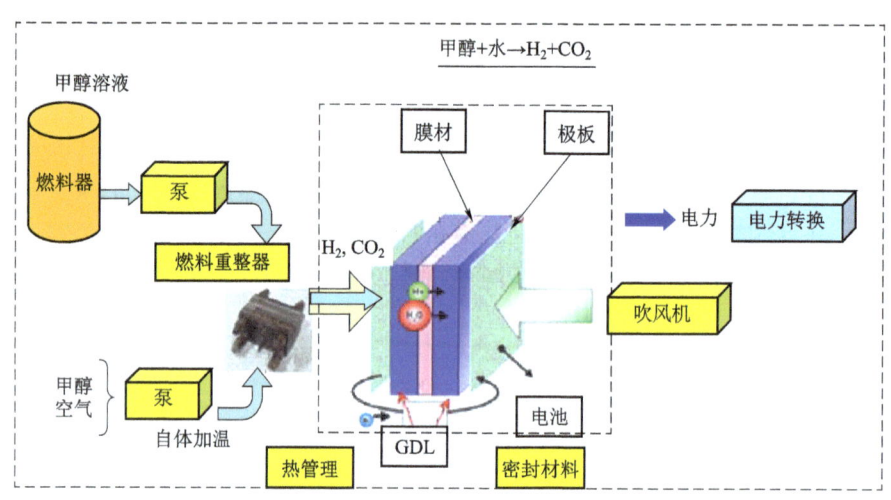

图4-2-4　以甲醇为燃料的燃料电池发动机系统

（1）甲醇储存装置。甲醇可以用普通容器储存，不需要加压或冷藏，可以部分利用内燃机汽车的供应系统，有利于降低FCEV的使用费用。

（2）燃烧罐、加热器和蒸发器。甲醇进入改质器之前，要用加热器加热甲醇和纯水的混合物，使甲醇和纯水的混合物一起受高温（621℃）热量的作用，蒸发成甲醇和纯水的混合气，然后进入改质器。

（3）重整器。重整器是将甲醇用改质技术转化为氢气的关键设备，不同的碳氢化合物采用不同的重整技术，重整过程中的温度、压力会有所不同，如甲醇用水蒸气重整法的温度为621℃，用部分氧化重整法的温度为985℃，用废气重整法的第一阶段温度为985℃，第二阶段温度为250℃。当FCEV用甲醇经过重整产生的氢气作燃料时，就需要对各种重整方法进行分析，选择最佳重整技术和最适合FCEV配套的重整器。

（4）氢气净化器。改质器所产生的H_2因为含有少量的CO，因此必须对H_2进行净化处理。净化器中用催化剂来控制，使H_2中所含的CO被氧化成CO_2后排出，最终进入PEMFC的H_2中的CO含量不超过规定的10×10^{-6}。甲醇经过改质后所获得的氢气作为燃料时，燃料电池的效率为40%～42%。以甲醇为燃料的燃料电池系统中的氧气供应、管理系统，反应生成的水和热量的处理系统及电力管理系统，与以氢为燃料的燃料电池系统基本相同。

燃料电池发动机的运转一般采用计算机进行控制，根据燃料电池电动汽车的运行工况，通过CAN总线系统进行信息传递和反馈，并经过计算机的处理，以保证燃料电池正常运行。

二、辅助蓄能装置

辅助蓄能装置可采用蓄电池、超级电容和飞轮电池中的一种，组成双电源的混合动力系统，或采用蓄电池+超级电容、蓄电池+飞轮电池的三种电源系统。燃料电池电动汽车配备辅助蓄能装置的作用如下。

（1）在燃料电池电动汽车起动时，由辅助蓄能装置提供电能，带动燃料电池起动或带动车辆起步。

（2）在燃料电池电动汽车运行过程中，当燃料电池输出的电能大于车辆驱动所需的能量时，辅助蓄能装置可用于储存燃料电池剩余的电能。

（3）在燃料电池电动汽车加速和爬坡时，辅助蓄能装置可协助供电，以弥补燃料电池输出功率的不足，使电动机获得足够的电能，产生满足车辆加速和爬坡所需的电磁转矩。

（4）向车辆的各种电子设备、电器提供工作所需的电能。

（5）在车辆制动时，将驱动电动机转换为发电机工作状态，将车辆的动能转换为电能，并向辅助蓄能装置充电，以实现车辆制动时的能量回收。

三、DC-DC 变换器

一般来说，燃料电池输出的电压比电动汽车动力总线的电压要低，且特性比较软，即随着输出电流的增加，电压下降幅度比较大。为了实现燃料电池输出电压与动力总线电压的匹配，就需要一个DC/DC（直流/直流）变换器，如图4-2-5所示。另外，从控制的角度讲，为了控制燃料电池的能量输出，也需要有一个DC/DC装置。混合型燃料电池电动汽车的动力系统通常采用燃料电池加电池（如铅酸电池、锂离子电池、氢-镍电池等）的混合结构。基于制造工艺和产品可靠性的考虑，燃料电池系统的输出电压都比较低，一般在240～430V，而且燃料电池的外特性（电压随电流的变化）曲线的斜率较大，当输出电流变化时，输出电压波动较大。另外，设计较高的动力总线电压等级可以提高驱动系统效率和减小驱动系统的体积及质量，电池组的标称电压一般在380V以上，而且，电池的充放电特性及其使用安全性也要求燃料电池的端电压在较小的范围内变化。因此，燃料电池难以直接和电池并联使用。解决这一问题的方法是在燃料电池的输出端接一个DC/DC变换器，对燃料电池的输出电压进行升压变换及稳压调节，使DC/DC变换器的输出电压和电池工作电压相匹配。同时DC/DC变换器可以对燃料电池的最大输出电流和功率进行控制，起到保护燃料电池系统的作用。

图4-2-5 DC/DC 变换器

在燃料电池电动汽车动力系统中，DC/DC变换器的输入端是燃料电池的输出电压，DC/DC变换器的输出端和电池并联，为车辆驱动系统等负载提供能量。燃料电池电动汽车

DC/DC 变换器的关键技术之一是设计合理的输出特性，实现从燃料电池输出电压到电池工作电压之间的变换，同时，DC/DC 变换器的输出特性还应该限制燃料电池的输出功率和电流，保证燃料电池的安全运行。根据整车动力系统的设计要求，确定 DC/DC 变换器的输出电压给定值，通过输出电压的闭环控制实现变换器恒压输出。对电流进行控制，防止过电流的发生也是车载 DC/DC 变换器的关键技术。

四、电动机及数字电动机控制器

燃料电池电动汽车的驱动电动机及控制器的工作条件恶劣，工作负荷与转速变化范围大，且变化剧烈，空间受到很大限制。对电动机及其控制器的比功率和性能要求严格，对安全性和可靠性要求高。因此，实现电动机及其控制器的最佳匹配与整合，并将二者作为一个系统来考核、检验和评价是必要的。电动机及其控制器除了遵循和满足现有的相关标准和法规外，还应提出相关的试验技术规范，以便于科学、准确、全面地对燃料电池电动汽车电动机及其控制器进行评价和性能对比。

电动机控制器是一个将电能转变为机械能的装置。控制器的作用是控制电动机转速、转矩和功率，将动力源的电能转变为适合于电动机运行的另一种形式的电能，同时在刹车时将电动机发出的电能回收到蓄电池组中，所以控制器本质上是一个电能变换控制装置。

五、整车控制器

燃料电池电动汽车整车控制器（VCU）是整个汽车的核心控制部件，负责处理驾驶员输入和系统运行状态信号，如起动钥匙状态、油门位置、制动踏板位置、挡位、燃料电池温度和电流等。通过这些信号进行控制决策和计算，将控制指令输出到各部件控制单元。车辆的运行情况基本决定了整车控制器应该实现的功能。一般来讲，VCU 需要完成的基本功能包括：保持与各个子控制单元的通信，对各个子系统进行整体监控和协调；调节燃料电池、主 DC-DC 输出电流以便控制燃料电池输出功率，并实现整车的能量优化。

整车控制器总体设计有以下几条原则。

（1）采用基于 CAN 总线分布式结构，提高网络性能和系统可靠性。
（2）遵循开放式国际标准，有利于系统的扩充和发展。
（3）采用分层控制，使系统的结构清晰，便于模块移植和并行设计，提高设计效率。
（4）系统应具有较好的容错性能和抗干扰性能，这一点对于车辆而言尤为重要。

第三节　燃料电池电动汽车的控制策略及安全措施

一、燃料电池电动汽车的控制策略

对于具有多个能量源的燃料电池混合动力汽车来讲，控制策略主要包括功率分配策略、速比控制和制动能量回馈策略三个有机组成部分，核心问题是功率分配。三者的紧密结合，才能够降低燃料消耗，延长燃料电池和蓄电池的使用寿命。

对燃料电池电动汽车的研究，通常是从某一种成熟的常规车型出发，对其动力系统进行改造和能量控制策略设计。燃料电池混合驱动系统能量控制策略的原则就是在满足汽车动力性和其他基本技术性能，以及成本等要求的前提下，针对各部件的特性及汽车的运行工况，使能量在燃料电池、蓄电池之间进行合理而有效的分配，使整车系统效率达到较高的水平，降低氢气消耗，增加汽车的续驶里程。根据现有的燃料电池和蓄电池的技术条件，针对特定结构的燃料电池电动汽车，合理制订功率分配策略。

功率跟随模式与开关模式是燃料电池-蓄电池混合动力系统的两种基本的控制策略，它们的侧重点有所不同。

功率跟随模式的基本思想为：当蓄电池荷电状态在其最低设定值与最高设定值之间时，燃料电池应在某一设定的范围内输出功率，输出功率不仅要满足车辆驱动要求，还要为蓄电池组充电，该功率称为均衡功率。

开关模式的基本思想为：对燃料电池进行最优控制，即以最低氢气消耗为目标调节燃料电池使其在某一工作点工作，该工作点是燃料电池最佳效率点，使燃料电池始终工作于相对低的氢气消耗区，由蓄电池作为功率均衡装置来满足具体的汽车行驶功率要求。

可见，这两种控制方式各有所侧重，功率跟随模式侧重于控制蓄电池最佳为准，控制蓄电池总处在非常有利的区域内工作，并时刻对蓄电池进行充放电，这对蓄电池寿命非常有利，但必须使燃料电池在一定的范围内工作，增加了对燃料电池系统进行控制的难度。开关模式则侧重于控制燃料电池最佳为准，它固定了燃料电池的工作点，这样在实现上会变得很容易，即只要燃料电池起动，将总是在某一最佳固定点工作，而无须考虑蓄电池的充放电状态。

本设计采用的是开关模式，在整个控制过程中，蓄电池的电压不超过设定的门限值，根据判断当前蓄电池的电压来确定燃料电池的开关状态，而且当燃料电池的工作状态处于开启时，始终工作在一个恒定的最佳状态。

（1）当电压小于设定的最小值时，燃料电池开启。

（2）当电压大于设定的最大值时，燃料电池关闭。

（3）当电压介于设定的最小值和最大值之间的任意值时，燃料电池保持上一时刻的状态不变。

（4）当燃料电池开启时，始终运行在某一效率最高的工作点上。

开关模式较为简单，由于燃料电池工作点固定，燃料电池的控制比较容易，而且工作效率高。虽然燃料电池混合驱动系统的多个动力源增加了系统的复杂性，但是这也为系统的优化设计提供了更大的灵活性和自由度。在系统的设计过程中，可以选择合适的能量管理策略使系统的能量驱动效率最优。能量管理策略是燃料电池混合驱动系统设计初期所要考虑的最主要的内容。

二、燃料电池电动汽车的安全措施

燃料电池电动汽车通常还采取防静电和防爆措施，并制订严格的氢操作规程，以确保安全。

1. 燃料电池电动汽车的防静电措施

在燃料电池电动汽车加氢时或在行车过程中，不可避免地会产生静电，这极易引发氢气燃烧或爆炸。为此，一些燃料电池电动汽车的车体底部通常设有接地导线，可及时将静电释

放回大地，以确保燃料电池电动汽车的安全。

2. 燃料电池电动汽车的防爆措施

燃料电池电动汽车的防爆措施主要是防止电路中产生火花，以避免电火花点燃氢气而产生燃烧或爆炸事故。防爆措施主要有以下几个方面。

（1）采用防爆型氢传感器，不用触点式传感器。这是因为触点式传感器在氢气含量达到设定值时，通过触点的动作输出信号，容易产生触点火花而引发事故。

（2）在氢安全系统中采用防爆固态继电器，也是为了防止继电器触点工作时产生电弧放电而点燃氢气。

（3）当氢安全系统发出报警时，禁止进行开关电气设备的操作，以避免相关的插座、接触器、继电器及开关触点产生电火花而点燃氢气。

（4）当燃料电池电动汽车储氢瓶内有氢气时，严禁在车上进行电焊等会产生电弧的相关操作。

 **练习题**

一、简答题

1. 简述燃料电池电动汽车的类型及其优缺点。
2. 简述燃料电池的发电原理。

二、选择题

1. 目前在燃料电池电动汽车上广泛使用的质子（交换）膜燃料电池需要贵金属（　　）作为电催化剂。

　　A. Ag　　　　　B. Pt　　　　　C. Au　　　　　D. Cu

2. 燃料电池是一种把燃料（　　）的化学能直接转换为（　　）的装置。

　　A. 氧化；电能　B. 还原；电能　C. 氧化；机械能　D. 还原；机械能

3. 在燃料电池中，（　　）和（　　）分别是燃料电池在电化学反应过程中的燃料和氧化剂。

　　A. 氢气；水　　B. 水；氧气　　C. 氧气；氢气　　D. 氢气；氧气

4. 在电池的一端，氧气（或者空气）通过管道或导气板到达阴极，同时，氢离子穿电解质到达（　　），电子通过外电路也到达（　　）。

　　A. 阳极；阴极　B. 阳极；阳极　C. 阴极；阴极　D. 阴极；阳极

5. 燃料电池的功率密度随反应物——氢和氧的压力（　　）而（　　）。

　　A. 升高；增大　B. 降低；增大　C. 升高；不变　D. 升高；降低

6. （　　）是增压式燃料电池发电系统的核心部件。

　　A. 燃料电池　　B. 燃料处理系统　C. 输出调节系统　D. 空气压缩机

7. （　　）是依靠大量的叶片高速旋转来驱动气体工作的。

　　A. 罗茨式压缩机　B. 轴流式压缩机　C. 罗宋式压缩机　D. 离心式压缩机

8. （　　）是静态能量转换装置。

　　A. 燃料处理器　B. 冷凝器　　C. 燃料电池　　D. 空气压缩机

9. （　　）不是燃料电池的优点。

A. 效率高　　　B. 过载能力差　　　C. 无污染　　　D. 振动小

10. 在汽车上使用的车载燃料电池系统必须满足（　　）要求。
① 能保证在常温下工作，并且电化学基本性能不变
② 为满足汽车功率需求，能提供较高的电流密度
③ 具有良好的免维护性能
④ 耐振性和耐冲击性能好
⑤ 能够从低负荷到高负荷进行高效率运转
⑥ 可以放置在冰点以下环境中
　　A. ①②③④⑤　　B. ①②③④⑤⑥　　C. ①②③④　　D. ②③④⑤⑥

11. 车载纯氢方案在（　　）方面比车载制氢方案有利。
① 整车能量效率　　② 预期成本　　③ 减少污染
④ 温室气体排放　　⑤ 减少石油依赖　　⑥ 可持续性发展
　　A. ①②③④⑤　　B. ①②③④⑤⑥　　C. ①②③④　　D. ②③④⑤⑥

12. 燃料电池单独驱动汽车动力系统对燃料电池的要求有（　　）。
① 为了减少整车成本，燃料电池必须有较低的价格
② 为了提高整车的经济性，燃料电池应在较大的输出范围内有较高的效率
③ 燃料电池应具有较快的动态响应
④ 燃料电池应具有较好的热起动性能
　　A. ①②③④⑤　　B. ①②④　　C. ①②③　　D. ②③④

13. 能量混合型燃料电池电动汽车为了满足一定的性能指标，往往需要配备较大容量的动力电池组，从而导致整车自重（　　），动力性（　　），空间布置紧张，也增加了动力电池的维护和更换费用。
　　A. 减轻；变差　　B. 增加；增强　　C. 减轻；增强　　D. 增加；变差

14. 对于燃料电池电动汽车，动力电池在（　　）时输出能量，在（　　）时回收制动能量。
　　A. 汽车爬坡；燃料电池起动　　B. 汽车爬坡；降速制动
　　C. 燃料电池起动；汽车加速　　D. 汽车下坡；汽车加速

15. 对于燃料电池电动汽车，燃料电池组发出的电流经（　　）后进入电动机驱动汽车行驶。
　　A. 控制器　　B. DC/AC 逆变器　　C. 减速器　　D. DC/DC 变换器

16. 对于燃料电池电动汽车，当汽车行驶需要的动力超过电池的发电能力时，动力电池组也参加工作，其电流经过（　　）进入电动机后驱动汽车行驶。
　　A. 控制器　　B. DC/AC 逆变器　　C. 减速器　　D. DC/DC 变换器

第五章 新能源汽车的共性技术及国家标准

第一节 新能源汽车的安全

最近几年，新能源汽车迅猛发展的同时，也出现了不少问题。有动力电池过充引发的爆炸，或电动汽车碰撞引发的起火，还有的是一些人为因素。电动汽车的安全问题需要人们的关注。图 5-1-1 为新能源汽车安全事故及原因。

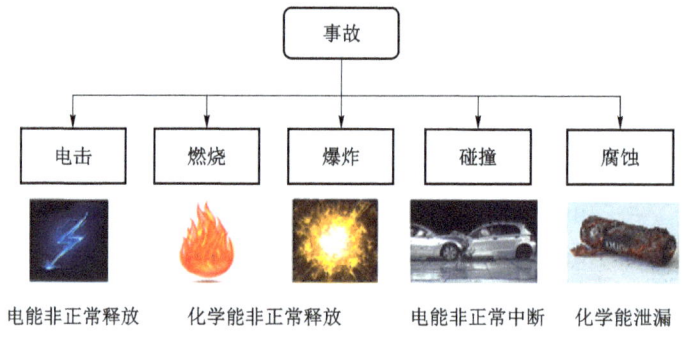

图 5-1-1　新能源汽车安全事故及原因

新能源电动汽车安全故障分类：行驶过程安全故障；充电过程安全故障；静态过程安全故障。就安全隐患而言，新能源电动汽车的电储能设备（动力电池及超级电容，简称电池）从制造到使用维护，再到报废回收都存在安全隐患。

自 2011 年起至 2016 年 7 月，我国共发生电动汽车安全事故 49 例，如图 5-1-2 所示。

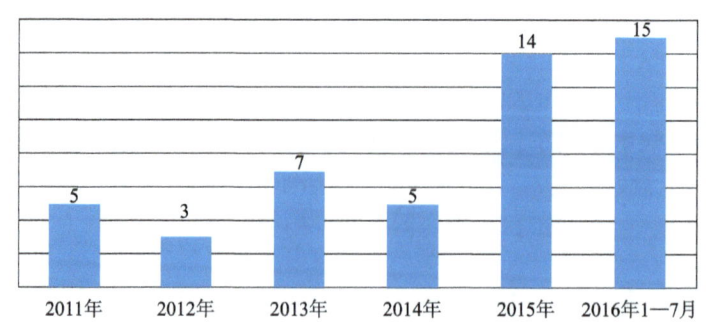

图 5-1-2　电动汽车安全事故年发生次数统计（单位：例）

以上电动汽车安全事故中，由自燃导致的火灾事故最高，为 23 例，占比约 47%，充电、碰撞、涉水导致的分别为 7 例、6 例和 3 例，其他零部件引起的为 6 例，不明原因的为 4 例。

发生问题的主要原因集中在动力电池上。图5-1-3为电动汽车安全事故诱因。

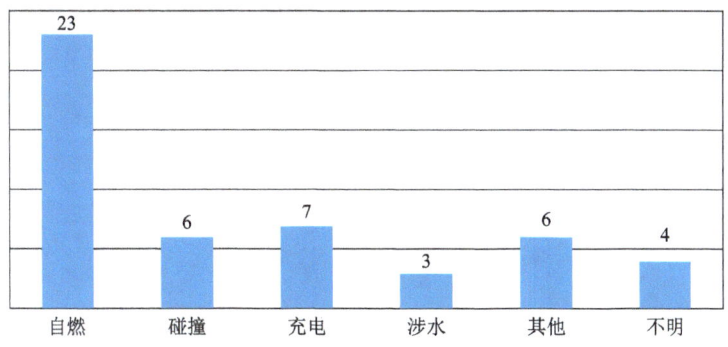

图 5-1-3　电动汽车安全事故诱因（单位：例）

一、动力电池热失控分析

所谓热失控，是指单体蓄电池内放热反应引起不可控温升的现象。热失控扩展是指电池包，或者电池系统内的单体电池或者电池模组单元热失控，并触发电池系统中相邻或其他部位的动力电池的热失控现象。从清华大学得到的某款常见材料的锂离子动力电池单体热失控链式反应机理（如图5-1-4所示）可以看到，热失控发生时，各种材料相继发生热化学反应，放出大量的热量，形成链式反应效应，使得电池体系内部温度不可逆快速升高。链式反应过程中，电解液汽化及副反应产气造成电池体系内压力升高，电池喷阀破裂后，可燃气体被点燃发生燃烧反应。单体电池的热失控特性表现为其组成材料反应热特性的叠加。

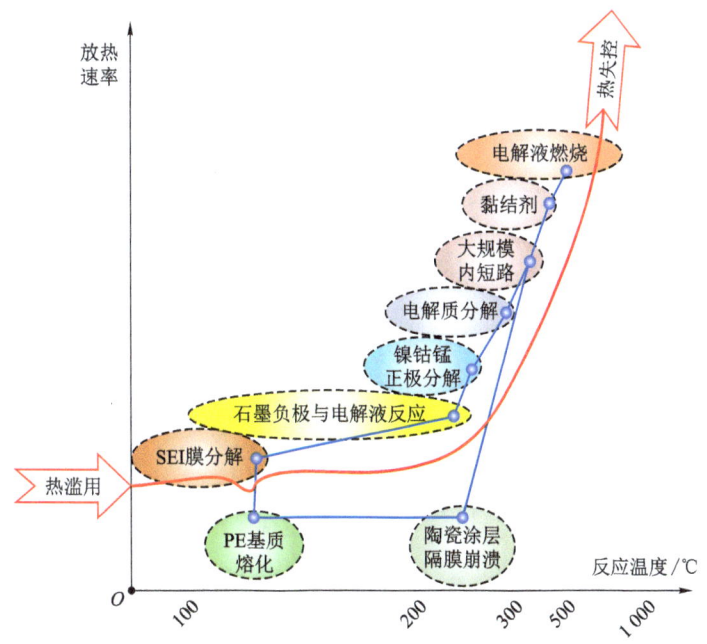

图 5-1-4　锂离子动力电池单体热失控链式反应机理

1. 热失控诱因

热失控主要诱因包括：机械诱因、电诱因和热诱因（如图5-1-5所示）。以上诱因可单独或者结合引发热失控。

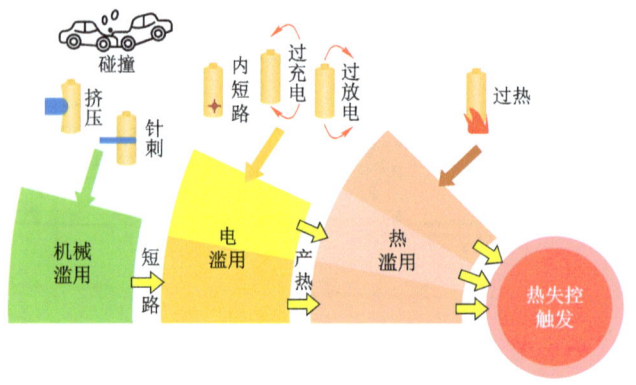

图 5-1-5　热失控诱因

（1）机械诱因引发的热失控及扩展引起火灾的典型案例：全球销量领先的美国通用汽车公司的 VOLT 插电式混合动力轿车在碰撞后发生着火（如图 5-1-6 所示）；全球最受欢迎的纯电动轿车特斯拉 Model S 运行过程中由于底盘被路上突出物刺穿，引发着火（如图 5-1-7 所示）。

（a）VOLT 碰撞前

（b）VOLT 碰撞后

图 5-1-6　碰撞引发 VOLT 插电式电动汽车着火

图 5-1-7　底盘刺穿引发特斯拉 Model S 着火

(2)电诱因引发的电动汽车着火的典型案例:中国某品牌公交车在充电站由于过充电引发的着火事件(如图 5-1-8 所示);特斯拉 Model S 在冬季低温充电发生着火的事故(如图 5-1-9 所示)。

图 5-1-8　某品牌公交车在充电站由于过充电引发的着火事件

图 5-1-9　特斯拉 Model S 在冬季低温充电发生着火

(3)电动汽车高压系统在水中浸泡可触发热失控,从而引起电动汽车着火。典型案例是南京纯电动公交车在大雨过后的积水里浸泡一段时间后着火(如图 5-1-10 所示)。热触发热失控引起电动汽车起火的典型案例是一辆丰田普锐斯插电式混合动力轿车在运行中起火,其原因是一个连接部件的松动使得系统产生高温,从而引发电池包的热失控与扩展。

以上热失控诱因是直接可观的,除此之外,对于使用中的电动汽车有一个生命周期安全性问题,如使用一段时间的电动汽车在无任何触发事件的情况下会发生由电池部件的热失控引发的自燃。图 5-1-11 为停靠在站内的电动公交车电池包自燃,并且引燃了附近停靠的公交车,造成较大损失。

图 5-1-10　纯电动公交车在水中浸泡一段时间后着火

图 5-1-11　停靠在站内的电动公交车电池包自燃

2. 热失控机理

在外部诱因作用下，经过演变过程，电池事故将会进入"触发"阶段。一般地，进入触发阶段之后，锂离子动力电池内部的能量将会在瞬间集中释放，此过程不可逆且不可控，即热失控。热失控后的电池发生剧烈升温，在高温下可以观察到冒烟、起火与爆炸等危险现象。

当然，从广义的"安全性"的定义来看，电池安全事故中，也可能不发生热失控。比如，电池发生碰撞事故后并不一定发生热失控；而在电池组绝缘失效造成人员高电压触电、电池漏液产生异味造成车载人员身体不适等情况下，电池也不会发生热失控。而热失控则是安全性事故中最常见的原因，也是锂离子动力电池安全性事故的特点。

大量实验现象表明，热失控后的电池不一定会同时发生冒烟、起火与爆炸，也可能都不发生，这取决于电池材料发生热失控的机理。图 5-1-12 与图 5-1-13 展示了某款具有三元材料正极/PE 基质的陶瓷隔膜/石墨负极的锂离子动力电池的热失控机理。图 5-1-12 为该款锂离子动力电池热失控实验中的温度与电压曲线，根据其热失控温度变化的特征，将热失控过程分为了 7 个阶段。在不同阶段，电池材料发生不同的变化。图 5-1-13 为某款三元锂离子动力电池热失控不同阶段的机理示意图。

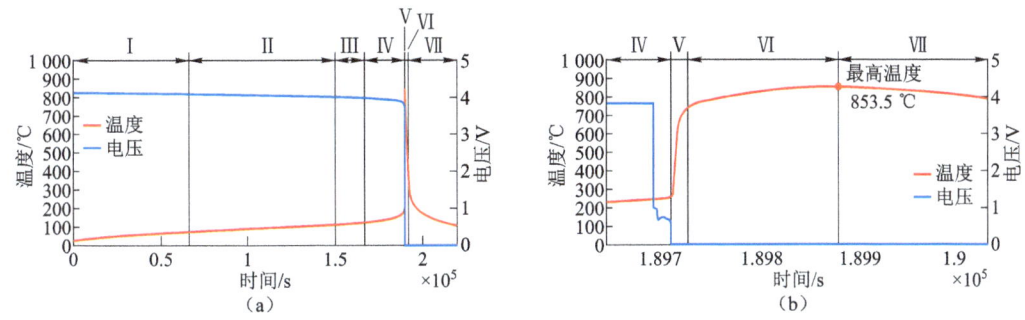

图 5-1-12　某款三元锂离子动力电池热失控实验

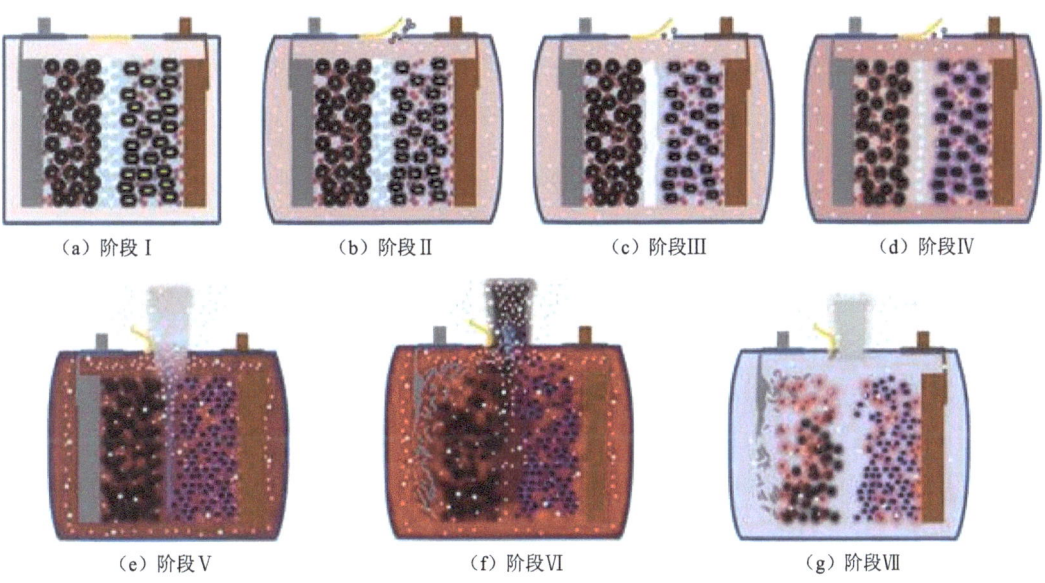

图 5-1-13　某款三元锂离子动力电池热失控不同阶段的机理示意图

对于冒烟的情况而言，在阶段 V，如果电池内部温度低于正极集流体铝箔的熔化温度 660℃，电池正极涂层就不会随着反应产生的气体喷出，此时观察到的会是白烟；而如果电池内部温度高于 660℃，正极集流体铝箔熔化，电池正极涂层随着反应产生的气体大量喷出，此时观察到的会是黑烟。对于起火的情况而言，热失控事故中的起火一般是由于电解液及其分解产物被点燃造成的。所以，从阶段 II 开始，从安全阀泄漏出来的电解液就有可能被点燃而起火。从燃烧反应的三要素（可燃物、氧气、引燃物）来看，可燃物就是电解液；氧气在电池内部存在不足，因此电解液需要泄漏出来才会发生起火；引燃物可能来自于电池外短路产生的电弧，也可能来自热失控时，高速喷出的气体与安全阀体摩擦所产生的火星。

对于爆炸的情况而言，爆炸一般表现为高压气体瞬间扩散造成的冲击。电池内部具有高压气体积聚的条件，而安全阀则是及时释放高压积聚气体的关键。安全阀体如能在电池壳体

破裂之前开启,并释放足够多的在热失控过程中产生的高压气体,电池就不会发生爆炸;安全阀体如不能及时开启,就可能会发生爆炸事故。

二、电动汽车整车安全性技术

1. 碰撞安全

碰撞是电动汽车最为重要的安全问题之一,相比于传统燃油车,由于动力系统的特殊性,电动汽车的安全系统设计更为复杂。如果车辆在充电及行驶过程中出现碰撞、翻车等事故,可能造成动力系统的短路、漏电、燃烧、爆炸等,由此对乘员造成电伤害、化学伤害、燃烧伤害等。当车辆发生碰撞时,碰撞过程中及碰撞后都要保证相关人员的人身安全。由于电动汽车既有传统燃油车的一般碰撞安全问题,又有纯电动汽车的高压碰撞安全问题。因此,对于纯电动汽车来说,除了传统汽车的相关保护需求之外,还应当满足电动汽车的高压安全条件。

防触电安全:惯量测量电路、高压瞬时断电等功能实现了在碰撞过程中断开高压电回路,避免乘员和行人遭受触电风险,保证人员安全的情况下尽量保护关键零部件不受损害。汽车碰撞后保证维护和救援人员没有触电风险。

电池碰撞安全:碰撞后动力电池系统热失控扩展的控制技术要保证人员安全逃生的时间要求。

机械防护安全:乘用车满足碰撞法规、NCAP 等碰撞工况要求,针对电驱动系统特点,须进行高压电系统的碰撞安全布置空间校核,须进行车身和底盘等关键零部件碰撞传力、吸能设计,保证碰撞过程中车身对动力电池系统的防护,避免碰撞过程中电池漏液、燃烧、爆炸。在高速碰撞工况下,保证大质量电池与车身安装固定的可靠性,避免电池脱落对乘员和第三方造成伤害。

2. 电气安全

纯电动汽车的电气系统包括低压电气系统、高压电气系统等。其高压电气系统控制与安全管理和故障诊断的总目标是确保纯电动汽车在静止、运行及充电时高压用电安全。

高压互锁安全:防止人员接触高压电。

涉水安全:当电动汽车遇到涉水、暴雨等工况时,由于水汽侵蚀,高压的正极与负极之间可能出现绝缘电阻变小甚至短路的情况,可能引起电池的燃烧、漏液甚至爆炸,若电流流经车身,可能使乘员遭受触电风险。

当电动汽车发生高压电气安全事故时,首先可及时预警,即事故发生后,保证人员安全逃生。需要的安全疏散时间也要满足以下条件。

(1) 有人员被困的情况下的安全疏散时间=停车时间+消防队到场时间+解救被困人员时间。

(2) 没有人员被困的情况下的安全疏散时间=停车时间+人员自主逃生时间,两排座 5 人的轿车人员逃生时间大约是 10 s,客车人员逃生时间要求为 2~5 min。

3. 功能安全

转矩安全:为了防止汽车出现期望之外的运动,则应该在汽车的安全系统中加入转矩安全管理系统。

充电安全系统:在充电的时候很容易出现车辆移动的情况,对此,应该对车辆的充电安全进行控制。

电控系统功能安全:电控系统在故障情况下保持工作的能力。

电磁兼容：通过减小干扰源发射强度、切断传播途径、提高敏感部件 EMC 水平等手段，达到《车辆、船和内燃机　无线电骚扰特性　用于保护车载接收机的限值和测量方法》（GB/T 18655—2010）要求。

4. 维修安全

维修安全是纯电动汽车安全系统设计的一个重要内容，主要指的是高压安全，工作人员在对汽车进行操作的时候，必须确保这个汽车本身的电压是处于安全范围内的，以防对汽车的使用人员产生危险。为此，在这个系统的设计上，应该注意安装维修开关，当汽车的维修开关断开的时候，汽车的电力输出就处于中断的状态，可以有效地防止出现高压危险。

5. 充电设施与充电安全技术

充电基础设施在相关的技术标准、建设规范等方面已经非常成熟，如电击防护、电容放电、温度保护、过载保护、短路保护、漏电保护等。作为独立的电气设备，充电设备安全的重点不在技术而在管理。优秀的充电电流控制策略对车辆安全、使用寿命都有非常大的帮助。下面以三种不同的充电电流控制策略为例进行说明。图 5-1-14 为常见的充电电流控制策略对比。

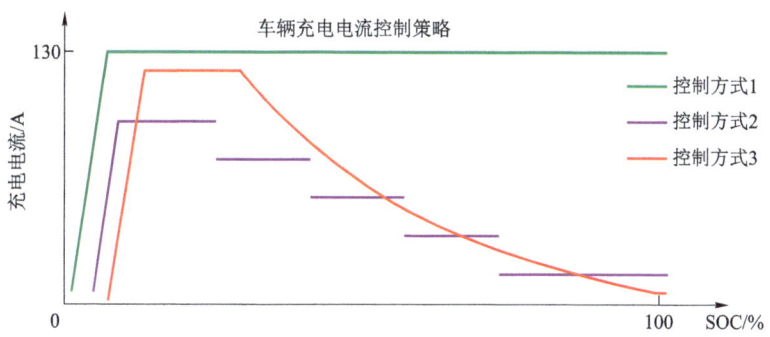

图 5-1-14　常见的充电电流控制策略对比（图片来源于东风日产）

控制方式 1：电流从充电开始呈线性上升，到 130 A 时趋于平稳，直至充满。这种控制策略的优点是电流达到 130 A 后恒定不变，技术难度较低，容易实现。但恒定大电流充电容易导致锂电池过充，同时，过快的充电可能超过锂电池内部反应物质的量浓度允许的反应速率，因而可能导致大量放热及锂电池容量减小、寿命缩短。

控制方式 2：电流从充电开始呈线性上升，达到峰值后电流开始以梯形结构下降，直至充满。这种控制策略可以为动力电池在充电过程中的不同阶段提供不同的充电电流，实现相对简单。然而其充电电流的下降不是连续性的，电池的使用寿命和安全会受到影响。

控制方式 3：电流从充电开始呈线性上升，达到峰值后逐渐连续下降，电流的实时调整实现了真正意义上的满充。即使出现过充现象，由于后期的电流较小，也可以防止出现严重的充电事故，安全性较高。这种控制策略相对比较复杂，在开发阶段需要投入的成本很高。优秀的电流控制策略不仅有助于提高充电的安全性，还能延长动力电池的使用寿命。

三、动力电池的废弃对环境的污染

按照相关规划，到 2020 年，国内新能源车累计产销量将达到 500 万辆。据此预测，到 2020 年，我国电动汽车动力电池累计报废量将达到 12 万～17 万 t 的规模。图 5-1-15 为堆积如山的废旧的动力电池。动力电池的回收和再利用已经成为当务之急。

图 5-1-15　废旧的动力电池

　　与铅酸电池比，锂电池的污染程度相对比较低，锂电池里面只有电解质磷酸锂是有害的，而且未来电池的电解质也会逐步变成无害，比如说，将来固态电池是无机物，基本上没有有害物质，到 2025 年之后，这个问题从技术上就可以逐步得到解决。如果铅酸电池做好回收利用，一样可以没有污染。

四、新能源汽车安全故障处理

1. 新能源汽车火灾的救援

　　关于新能源汽车安全救援的问题，日产聆风的救援手册里面强调，用水灭火的时候不能用小量的水，要用大水冲。还特别强调，前去救援的人一定要穿好 PPE，PPE 就是个人的防护设施。如果是局部小范围起火，要用 ABC 类干粉灭火器。一辆带高压系统的新能源汽车，在车体发生碰撞以后进行救援作业（包括车体切割）时，要特别小心这个车体是不是仍然有很好的绝缘状态。

2. 触电事故的处理

　　新能源汽车的内部既有高压交流电也有高压直流电。直流电的触电与交流电不同。因为直流电对地隔离，即使单独触摸正极或负极也不会造成触电事故。但若不小心同时触碰正负极，就会造成非常严重的触电事故。

　　人体被电击后，电流通过人体，在电源接触部位、电流流出部位或电击部位都会引起不同程度的电灼伤，创面可能很小但皮肤碳化发黑，深入到肌肉骨骼。当触电时，肌肉发生强烈收缩，使身体弹离电源，也可能反而紧贴电源，造成严重后果，如因电流的振荡作用而引起昏厥、呼吸中枢麻痹以致呼吸停止、心室颤动甚至心脏停跳出现假死等（这些统称为电休克），如不及时抢救均可能立即造成死亡。

　　对触电或被电击的人员进行抢救，要争分夺秒。现场抢救，先要切断电源（如图 5-1-16 所示）。切忌用手或潮湿物品直接接触触电人员和电源，可用干燥木棍、竹竿或塑料物品将电源拨开或将接触人员的电线拉断或移开，或立即关闭电源开关或总闸断电。受伤者应就地休息，避免走动。轻度灼伤者，可在受伤部位涂甲紫，用消毒纱布、棉花包扎。重度灼伤者应由医生扩创处理。若患者面色苍白或青紫，意识丧失，要立即触摸心脏、观察呼吸动作，确定是否呼吸、心跳停止。对呼吸、心跳停止者要马上就地进行心脏按压和口对口人工呼吸，针刺人中、十宣、内关、涌泉等穴，并在抢救的同时将患者送往医院。在抢救中还要注意观察患者有无因电击跌伤。

图 5-1-16　触电救援先切断电源

五、安全问题的解决办法

1. 安全问题是系统的、动态的问题

电动汽车的安全问题不完全是技术问题，涉及的面较广，包括企业、政府、消费者等主体，也包括公交、出租、充电等多个领域，是一个跨行业、跨学科的系统性问题。除了产品本身的安全以外，还要考虑到操作人员安全、维修人员的专业培训等。安全应当贯穿在电动汽车全生命周期当中，是动态的，而不是静态的。

2. 安全问题的解决根本上要依靠技术进步和创新突破

安全问题是电动汽车产业发展的核心问题，真正解决安全问题还是要依靠技术进步和创新。企业需要对电动汽车安全事故进行分析研究，从机理上找到事故发生的原因，并在此基础上研究出防范措施。安全问题是个系统性问题，不能只考虑产品本身，更要从整体出发，研究系统性的安全解决方案。

3. 安全问题的解决还需要建立配套管理体系

安全问题不能仅依靠产品质量无限制地提升来解决，它同时也是一个管理问题。安全管理如果执行不到位或者不落实，就容易引发安全事故，给人们的生命财产造成损失，而且在客观上也阻碍了社会生产力的发展。因此应当从电动汽车安全生命周期建立安全管理体系，包括产品认证、运行安全、维护保养、退役回收等环节，以及有关的安全标准和法规等。

第二节 新能源汽车的标准化

电动汽车正处于研发、试点示范向大规模推广的关键过渡期，整个过程发展得很快，国家层面也在不断地完善相关政策和管理体系，以加快电动汽车的推广应用，这些都需要技术标准作为支撑。自2008年工业和信息化部成立以来，我国国家标准化管理委员会、国家科技部、国家能源局等部委，研究制定了一系列电动汽车标准体系规划文件，如《电动汽车综合标准化技术体系》《电动汽车充电技术及设施标准体系建设工作方案》《战略性新兴产业标准化发展规划》等，完善了标准体系建设的顶层设计。在顶层设计的指导下，按步骤、分重点加快标准制定工作，目前我国已正式发布106项电动汽车标准，涵盖电动汽车基础通用、整车、电池电动机电控关键总成、基础设施、充电接口和通信协议等各个领域，明确了电动汽车的分类和定义，动力性、经济性、安全性的测试方法和技术要求，规定了电池电动机等关键零部件的技术条件，规范了充电基础设施建设，统一了车与设施之间的充电接口和通信协议。可以说，目前我国电动汽车标准体系（如图5-2-1所示）已初步建立，对规范我国电动汽车产业发展具有重要意义。

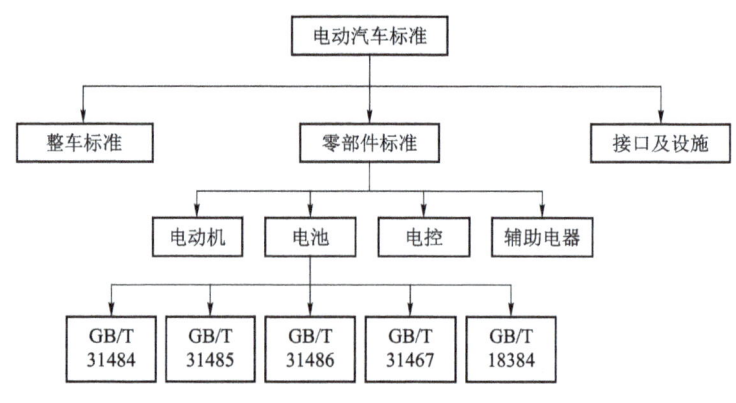

图 5-2-1　我国电动汽车标准体系

与国外相比，我国电动汽车标准基本处于国际前列，且具有较强的话语权。比如，在电池方面，国外只规定电池系统的安全保护功能，对电池单体和模块没有安全要求，而我国大部分企业和专家都认为安全的电池单体和模块是组成安全的电池系统、最终保证整车安全的基础，因此我国的安全标准体系中，对电池单体、电池模块、电池系统等级别都提出了既科学合理又比较严格的安全要求。在整车层面，模拟经常发生的洗车、暴雨、道路积水等情况，提出了整车防水安全要求，模拟上述情况，检验整车是否出现漏电等安全隐患，保证用户的安全。

另外，我国在电动汽车电池规格尺寸、高压部件电压等级、换电站、电池管理系统、驱动电动机等方面有30多项标准在国际上都是开创性的，我国这些标准的制定出台后，引起了全球汽车行业的关注，并开始了相关国际标准的立项和制定。

目前，我国电动汽车现行有效标准106项，其中电动车辆74项，充电基础设施32项。电动车辆领域上报待批的标准共有21项，其中国标15项，行标6项；电动车辆领域在研标准31项，其中国标27项，行标4项。表5-2-1为中国电动汽车主要标准。

表5-2-1 中国电动汽车主要标准

序号	标准号	标准名称	参考或对应的标准
基础通用			
1	GB/T 18384.1—2015	电动汽车 安全要求 第1部分：车载可充电储能系统（REESS）	ISO 6469-1：2009
2	GB/T 18384.2—2015	电动汽车 安全要求 第2部分：操作安全和故障防护	ISO 6469-2：2009
3	GB/T 18384.3—2015	电动汽车 安全要求 第3部分：人员触电防护	ISO 6469-3：2011
4	GB/T 4094.2—2005	电动汽车操纵件、指示器及信号装置的标志	ISO 2575：2000
5	GB/T 19596—2004	电动汽车术语	ISO 8713：2002
6	QC/T 837—2010	混合动力电动汽车类型	
7	GB/T 24548—2009	燃料电池电动汽车 术语	
8	QC/T 893—2011	电动汽车用驱动电机系统故障分类及判断	
整车——纯电动汽车			
9	GB/T 24552—2009	电动汽车风窗玻璃除霜除雾系统的性能要求及试验方法	
10	GB/T 19836—2005	电动汽车用仪表	IEC 784：1984
11	GB/T 28382—2012	纯电动乘用车 技术条件	
12	QC/T 838—2010	超级电容电动城市客车	
13	GB/T 18385—2005	电动汽车 动力性能 试验方法	ISO 8715：2001
14	GB/T 18386—2005①	电动汽车 能量消耗率和续驶里程 试验方法	ISO 8714：2002
15	GB/T 18387—2008②	电动车辆的电磁场发射强度的限值和测量方法，宽带，9 kHz～30 MHz	SAE J551-5 JAN2004
16	GB/T 18388—2005	电动汽车 定型试验规程	
17	QC/T 925—2013	超级电容电动城市客车 定型试验规程	
整车——混合动力汽车			
18	GB/T 19751—2005	混合动力电动汽车安全要求	ECE R100
19	GB/T 19750—2005	混合动力电动汽车 定型试验规程	
20	GB/T 19752—2005	混合动力电动汽车 动力性能 试验方法	EN 1821-2、ETA TP002
21	GB/T 19753—2013	轻型混合动力电动汽车能量消耗量 试验方法	ECE R101.01
22	GB/T 19754—2015	重型混合动力电动汽车 能量消耗量 试验方法	SAE J2711、ECE R101.01
23	GB/T 19755—2016	轻型混合动力电动汽车污染物排放控制要求及测量方法	ECE R83
24	QC/T 894—2011	重型混合动力电动汽车污染物排放 车载测量方法	
整车——燃料电池电动汽车			
25	GB/T 24549—2009	燃料电池电动汽车 安全要求	
26	GB/T 29123—2012	示范运行氢燃料电池电动汽车 技术规范	
27	GB/T 26991—2011	燃料电池电动汽车 最高车速试验方法	ISO/TR 11954：2008

① 最新标准为GB/T 18386—2017，开始实施日期为2018年5月1日。
② 最新标准为GB/T 18387—2017，开始实施日期为2018年5月1日。

续表

序号	标准号	标准名称	参考或对应的标准
28	GB/T 29124—2012	氢燃料电池电动汽车示范运行配套设施规范	
		关键总成——车载储能系统	
29	GB/T 18332.1—2009	电动道路车辆用铅酸蓄电池	IEC 61982-1：2006
30	GB/T 18332.2—2001	电动道路车辆用金属氢化物镍蓄电池	IEC 61436
31	GB/T 18333.1—2001	电动道路车辆用锂离子蓄电池	
32	GB/T 18333.2—2015	电动汽车用锌空气电池	
33	QC/T 741—2014	车用超级电容器	
34	QC/T 742—2006	电动汽车用铅酸蓄电池	IEC 61982
35	QC/T 743—2006	电动汽车用锂离子蓄电池	IEC 62660
36	QC/T 744—2006	电动汽车用金属氢化物镍蓄电池	
37	QC/T 840—2010	电动汽车用动力蓄电池产品规格尺寸	ISO/IEC PAS 16898
38	QC/T 897—2011	电动汽车用电池管理系统技术条件	
		关键总成——驱动系统	
39	GB/T 18488.1—2015	电动汽车用驱动电机系统 第1部分：技术条件	
40	GB/T 18488.2—2015	电动汽车用驱动电机系统 第2部分：试验方法	
41	QC/T 896—2011	电动汽车用驱动电机系统接口	
42	GB/T 29307—2012	电动汽车用驱动电机系统可靠性试验方法	
43	QC/T 926—2013	轻型混合动力电动汽车（ISG型）用动力单元可靠性试验方法	
		关键总成——燃料电池系统	
44	GB/T 26990—2011	燃料电池电动汽车 车载氢系统 技术条件	
45	GB/T 29126—2012	燃料电池电动汽车 车载氢系统 试验方法	
46	QC/T 816—2009	加氢车技术条件	
47	GB/T 24554—2009	燃料电池发动机性能试验方法	
		关键总成——电子控制系统	
48	GB/T 24347—2009	电动汽车 DC/DC 变换器	
		基础设施	
49	GB/T 29317—2012	电动汽车充换电设施术语	
50	GB/T 29316—2012	电动汽车充换电设施电能质量技术要求	
51	GB/T 18487.1—2015	电动车辆传导充电系统 第1部分：通用要求	IEC 61851-1
52	GB/T 18487.2—2001	电动车辆传导充电系统 电动车辆与交流/直流电源的连接要求	IEC 61851-21
53	GB/T 18487.3—2001	电动车辆传导充电系统 电动车辆交流/直流充电机（站）	IEC 61851-23
54	NB/T 33001—2010	电动汽车非车载传导式充电机技术条件	
55	NB/T 33002—2010	电动汽车交流充电桩技术条件	
56	QC/T 895—2011	电动汽车用传导式车载充电机	

续表

序号	标准号	标准名称	参考或对应的标准
57	NB/T 33008.1—2013	电动汽车充电设备检验试验规范 第1部分：非车载充电机	
58	NB/T 33008.2—2013	电动汽车充电设备检验试验规范 第2部分：交流充电桩	
59	NB/T 33006—2013	电动汽车电池箱更换设备通用技术要求	
60	GB/T 29781—2013	电动汽车充电站通用要求	
61	GB 50966—2014	电动汽车充电站设计规范	
62	GB/T 29772—2013	电动汽车电池更换站通用技术要求	
63	NB/T 33009—2013	电动汽车充换电设施建设技术导则	
64	NB/T 33004—2013	电动汽车充换电设施工程施工和竣工验收规范	
65	GB/T 29318—2012	电动汽车非车载充电机电能计量	
66	GB/T 28569—2012	电动汽车交流充电桩电能计量	
67	NB/T 33005—2013	电动汽车充电站及电池更换站监控系统技术规范	
68	NB/T 33007—2013	电动汽车充电站/电池更换站监控系统与充换电设备通信协议	
69	GB 29303—2012	用于Ⅰ类和电池供电车辆的可开闭保护接地移动式剩余电流装置（SPE-PRCD）	
		接口与界面	
70	GB/T 20234.1—2015	电动汽车传导充电用连接装置 第1部分：通用要求	IEC 62196-1
71	GB/T 20234.2—2015	电动汽车传导充电用连接装置 第2部分：交流充电接口	IEC 62196-2
72	GB/T 20234.3—2015	电动汽车传导充电用连接装置 第3部分：直流充电接口	IEC 62196-3
73	GB/T 27930—2015	电动汽车非车载传导式充电机与电池管理系统之间的通信协议	IEC 61851-24
74	GB/T 26779—2011	燃料电池电动汽车 加氢口	

标准不是万能的，但是没有标准是万万不能的。随着电动汽车新版国标的陆续发布，国内在电动汽车的发展方面已经不再一味追求速度快和规模大，而是立足于电动汽车产业的长远发展，逐步建立一个基础性的入围门槛和通用化的检验标准，让大家在一个相对公正和透明的环境里进行竞争与合作，有利于汽车行业的良性发展。

我们应该看到，电动汽车国标的制定，更多地参考了国外已有的标准体系，这是可取之处，吸收他人已有的经验，可以少走很多弯路。但是，一味追随别人的脚步，并不能使我们在全球竞争中脱颖而出、掌握足够的技术优势和话语权，因此，我们需要积累和探索中国自己的电动汽车产业标准体系和法律法规，形成自己的独到之处，并且要让自己的标准走出国门，推动全球电动汽车产业标准体系的完善。

练习题

一、简答题

1. 分析动力电池热失效的原因。
2. 简述新能源汽车的安全故障处理措施。

3. 简述常见的充电电流控制策略。

二、选择题

1. 电击电气事故发生后，如果事故受害者没有反应，不应采取的急救措施是（　　）。
   A. 搬动事故受害者　　　　　　　B. 确定受害者是否有生命迹象
   C. 呼叫急救医生　　　　　　　　D. 进行人工呼吸

2. 下列不属于蓄电池事故急救措施的是（　　）。
   A. 如果发生皮肤接触用纸巾擦拭
   B. 如果吸入了气体，必须马上呼吸大量新鲜空气
   C. 如果接触到眼睛，用大量清水冲洗
   D. 寻求医疗救助

3. 绝缘检测时使用的测量电压一般为（　　）直流电压。
   A. 100～200 V　　B. 200～500 V　　C. 500～1 000 V　　D. 1 000～2 000 V

4. 安全技术防范系统独立接地时对地电阻值应不大于（　　）。
   A. 1 Ω　　　　B. 2 Ω　　　　C. 3 Ω　　　　D. 4 Ω

5. 安全技术防范最高防别是（　　）。
   A. 一级　　　　B. 二级　　　　C. 三级　　　　D. 四级

6. （　　）指直接危及设备安全运行，随时可能导致事故发生或危及人身安全的缺陷。
   A. 一般缺陷　　B. 严重缺陷　　C. 危急缺陷　　D. 超级缺陷

7. 具备纯电动、混合动力对应车型维修资质的作业人员，一般不操作以下内容（　　）。
   A. 常规保养作业　　　　　　　　B. 非高压部分检测、维修
   C. 高压回路检测、维修　　　　　D. 高压电池单体检测、维修

8. 高压元件不包括（　　）元件。
   A. 霍尔元件　　　　　　　　　　B. 动力电池
   C. 高压配电箱　　　　　　　　　D. 驱动电动机控制器总成

9. 从防护角度来看，以下不属于充电桩必须要具备的保护是（　　）。
   A. 过欠压保护　　B. 电磁辐射保护　　C. 防雷保护　　D. 漏电保护

10. 安全带是（　　）。
    A. 主动安全　　B. 被动安全　　C. 综合安全　　D. 法规安全

11. 发现有人触电时，首先应立即切断电源，使触电者脱离电源并进行急救，如触电者处于高处，还要有（　　）措施，以免造成二次伤害。
    A. 防滑　　　　B. 防坠落　　　C. 防碰伤　　　D. 防窒息

12. 如果作业过程中有人触电，触电者呼吸和心跳均已停止，最有效的做法是：应立即（　　）。
    A. 电话联系医护人员，等待医护人员赶到现场急救
    B. 采用心肺复苏法进行急救
    C. 口对口进行人工呼吸
    D. 搬运触电者到通风处

13. （　　）不属于动力电池漏液的判定方法。

A. 大量漏液肉眼可以看到　　　　　B. 少量漏液部位潮湿或留下乳白状斑迹
C. 闻到刺激性气味代表漏液　　　　D. 用手感知动力电池外壳的表面

14. 常规情况，当人体不慎接触泄漏液时，应立即用大量水冲洗（　　）min。
A. 1～2　　　B. 5～10　　　C. 10～15　　　D. 15～20

15. 在进行人工呼吸的同时应胸外按压，每分钟大约挤压（　　）次，每次挤压深度大约为5厘米。
A. 10　　　B. 50　　　C. 100　　　D. 150

16. 事件及事故分析会的主要目的是寻找其（　　），并制定针对措施，杜绝同类事件再次发生。
A. 直接原因　　B. 根本原因　　C. 间接原因　　D. 次要原因

17. 要减少事故，光具有安全意识是不够的，还要求员工具有本专业较全面的（　　）。
A. 安全生产技术　　　　　B. 工艺操作技术
C. 设备使用技术　　　　　D. 领导能力

18. 特种设备使用单位应当按照安全技术规范的定期检验要求，在安全检验合格有效期届满前（　　）个月，向特种设备检验检测机构提出定期检验要求。
A. 半　　　B. 1　　　C. 2　　　D. 3

19. 电流对人体伤害的形式可分为电击和（　　）两类。
A. 电伤　　　B. 触电　　　C. 电源　　　D. 灼伤

20. 研究表明人体感知电流大约为（　　）。
A. 1 mA　　　B. 2 mA　　　C. 5 mA　　　D. 10 mA

21. 当纯电动车发生火灾，最有效的灭火方式是采用（　　）来进行灭火。
A. 大量水　　B. 大量沙　　C. 干冰灭火器　　D. 干粉灭火器

22. 故障车维修时，绝对不可以破坏或拆除（　　），否则可能会导致严重的电烧伤、休克或触电。
A. 整车控制器　　　　　B. 驱动电动机皮带
C. 高压电池检修开关　　D. 高压电池盖

23. （　　）不属于电动汽车常见危险。
A. 碰触高压电　B. 高温蒸汽烫伤　C. 辐射　　D. 火灾

24. 一般认为（　　）Hz 的交流电对人最危险。
A. 20～40　　B. 40～60　　C. 60～80　　D. 80～100

25. （　　）不属于常见的触电形式。
A. 地线触电　B. 两相触电　C. 跨步电压触电　D. 感应电压触电

26. 在制定安全防范措施时，（　　）是优先的。
A. 安全防护　B. 设备安全　C. 电磁辐射　D. 人身安全

27. 援救电气事故中受伤人员时，绝对不能（　　）。
A. 断开电源
B. 触碰仍然与电源有接的人员
C. 用不导电的物体将事故受害者和导电体分离
D. 注意自身安全

28. 电动汽车发生严重火势时，应第一时间（　　）。

A. 用灭火器控制火势

B. 联系火警

C. 逃离车辆前往下风处远离车辆

D. 逃离车辆前往上风处远离车辆

29. 为保证电气检修工作的安全,判断设备有无带电应(　　)。

A. 以设备已断开的信号为设备有无带电的依据

B. 以设备电压表有无指示为依据

C. 以设备指示灯为依据,绿灯表示设备未带电

D. 通过验电来确定设备有无带电

第六章 其他新能源汽车

第一节 天然气汽车

天然气汽车又称为燃气汽车，主要分为液化石油气汽车和压缩天然气汽车两种。天然气汽车主要以天然气为燃料，天然气中的甲烷含量达 90% 以上，是很好的汽车发动机燃料。它的一氧化碳排放量比汽油车减少 90% 以上，碳氢化合物排放量减少 70% 以上，氮氧化合物排放量减少 35% 以上，是较为实用的低排放汽车。燃气汽车已在国外和国内得到了推广应用。

一、天然气汽车的分类

按照所使用天然气燃料状态的不同，天然气汽车可以分为以下几种类型。

1. CNG 汽车

压缩天然气（CNG）汽车（如图 6-1-1 所示），使用压缩天然气作为汽车燃料。压缩天然气是指压缩到 20.7~24.8 MPa 的天然气，储存在车载高压气瓶中。压缩天然气是一种无色透明、无味、高热量、比空气轻的气体，主要成分是甲烷。由于其组分简单，易于完全燃烧，加上燃料含碳少，抗爆性好，不稀释润滑油，因此能够延长发动机使用寿命。加工成本相对较低，极难液化。而 CNG 汽车最大的缺点是高压钢瓶过重，体积大且储气量小，占去了汽车较多的有效质量，限制了汽车携带燃料的体积，导致了汽车连续行驶里程短。另外，因钢瓶的存储压力高，也具有一定的危险性。

图 6-1-1 压缩天然气汽车

2. LNG 汽车

液化天然气（LNG）汽车（如图 6-1-2 所示）。天然气在常压下冷却至 -162 ℃ 后形成 LNG，其燃点为 650 ℃，爆炸极限为 5%～15%，安全性较高。LNG 汽车可以明显地压缩天然气体积，一次充气，可以行驶 500 km 甚至 1 000 km 以上，非常适合长途运输使用。与 CNG 汽车相比，LNG 汽车在安全、环保、整车轻量化、整车续驶里程方面都具有优势。

图 6-1-2　液化天然气汽车

3. LPG 汽车

液化石油气（LPG）是一种在常温常压下为气态的烃类混合物，比空气重，有较高的辛烷值，具有混合均匀、燃烧充分、不积炭、不稀释润滑油等优点，能够延长发动机使用寿命，而且一次载气量大、行驶里程长。图 6-1-3 为使用液化石油气的大众汽车。

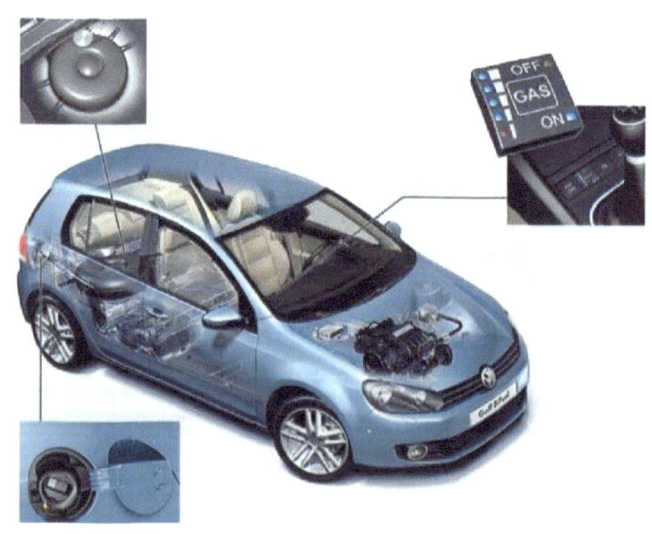

图 6-1-3　使用液化石油气的大众汽车

世界上使用较多的是压缩天然气汽车。汽车使用的天然气除被储存时压缩到高压以外，与民用和工业用天然气没有什么区别。压缩天然气通过加气机（如图 6-1-4 所示），按质量（以千克为单位）或当量汽油升（GLE，以与汽油所含能量相等为基础）计量后加到汽车中。天然气的辛烷值在 122～130 之间。

第六章 其他新能源汽车

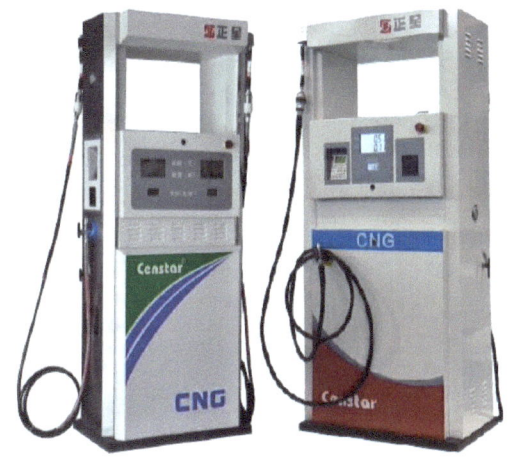

图 6-1-4 加气机

二、压缩天然气汽车的组成结构

压缩天然气（CNG）汽车系统通常包括：天然气气瓶、减压调压器、各类阀门和管件、混合器（或者天然气喷射装置）、各类电控装置等。图 6-1-5 为 CNG 汽车的结构。

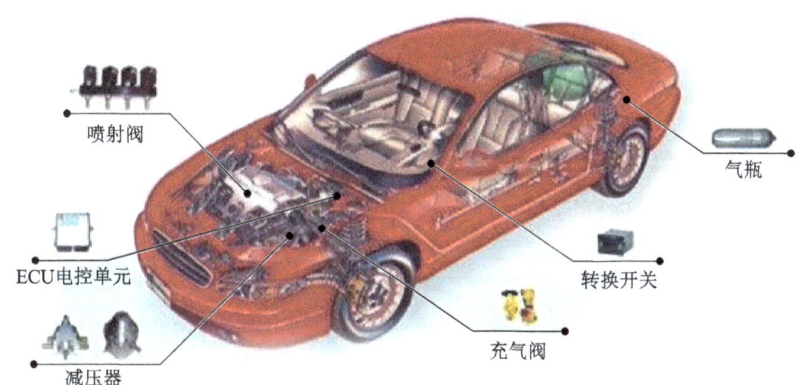

图 6-1-5 CNG 汽车的结构

天然气发动机还包括锻造铝合金高压缩活塞、镍钨硬化合金排气门座和甲烷催化转化器。CNG 汽车采用定型汽车改装，在保留原车供油系统的情况下增加一套"车用压缩天然气转换装置"。图 6-1-6 为改装天然气的汽车基本机构原理。改装部分由以下三个系统组成。

（1）天然气系统。主要由充气阀、高压截止阀、天然气钢瓶、高压管线、高压接头、压力表、压力传感器及气量显示器等组成。

（2）燃气供给系统。主要由燃气高压电磁阀、三级组合式的减压阀、混合器等组成。

（3）油气燃料转换系统。主要由三位油气转换开关、点火时间转换器、汽油电磁阀组成。

CNG 气瓶是压缩天然气汽车的主要设备之一。气瓶的设置和生产都有严格的标准控制。CNG 车用气瓶可以分为四类：第一类气瓶是全金属气瓶，材料是钢或铝；第二类气瓶采用

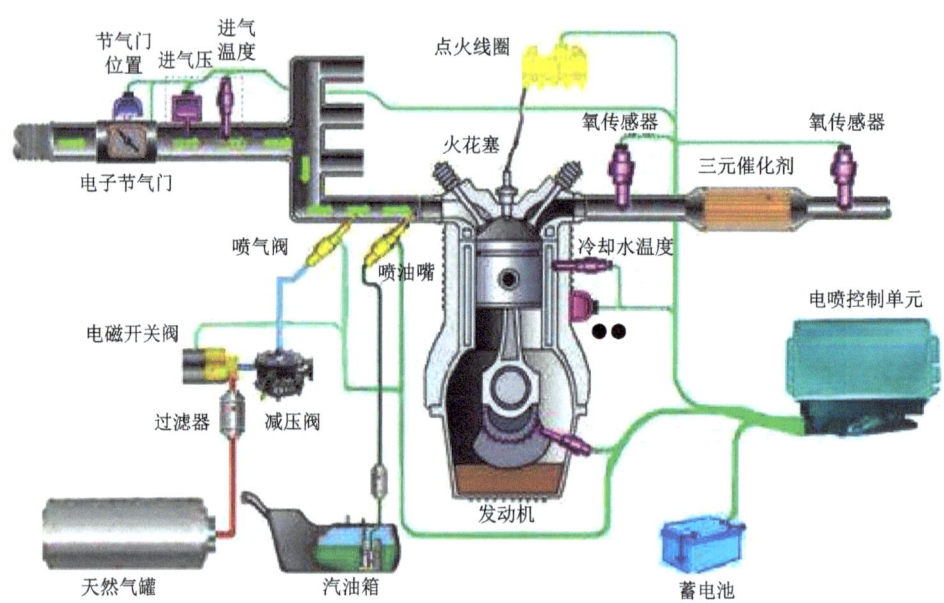

图 6-1-6　改装天然气的汽车基本机构原理

金属内衬，外面用纤维环状缠绕；第三类气瓶采用薄金属内衬，外面用纤维完全缠绕；第四类气瓶完全是由非金属材料制成，如玻璃纤维和碳纤维。图 6-1-7 为轿车用纤维缠绕气瓶。

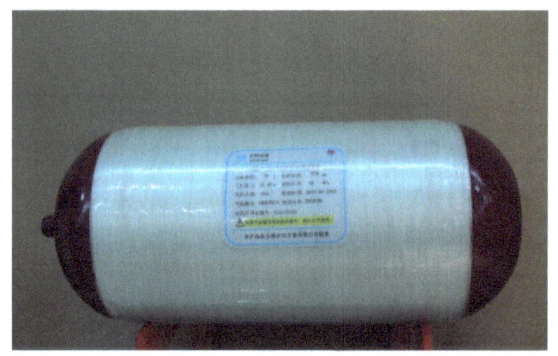

图 6-1-7　轿车用纤维缠绕气瓶

  燃气钢瓶的瓶口处安装有易熔塞和爆破片两种保安全装置，当气瓶温度超过 100 ℃，或压力超过 26 MPa 时，保安全装置会自动破裂卸压。减压阀上设有安全阀，图 6-1-8 为某厂家生产的减压阀；气瓶及高压管线安装时，均有防振胶垫，卡箍牢固。因此，该系统在使用中是最安全可靠的。

  汽车以 CNG 做燃料时，天然气经三级减压后，通过混合器与空气混合进入气缸，压缩天然气由额定进气气压减为负压，其真空度为 49～69 kPa。减压阀与混合器配合可满足发动机不同工况下混合气体的浓度要求。

  减压阀总成设有怠速阀，用以供给发动机怠速用气；压缩机减压过程中要膨胀做功对外吸热，因此在减压阀上还设有利用发动机循环水的加温装置；为提高该车的操作性能，驾驶室设置有油气燃料转换开关，用来统一控制油气电磁阀及点火时间转换器，点火时间转换器

图 6-1-8 某厂家生产的减压阀

由电路系统自动转换两种燃料的不同点火提前角；仪表板上气量显示器的 5 只红绿灯显示气瓶的储气量；燃料转换开关上还设有发动机的供气按钮。功能齐全，操作非常方便。当燃料转换开关置于天然气位置时，电磁阀打开，汽油阀关断。储气瓶中天然气流经总气阀、滤清器、电磁阀进入减压器，经多级减压至负压，再通过动力阀进入混合器，并与空滤器中来的空气混合点燃推动发动机曲轴转动。图 6-1-9 为某车型安装的气压显示仪表。

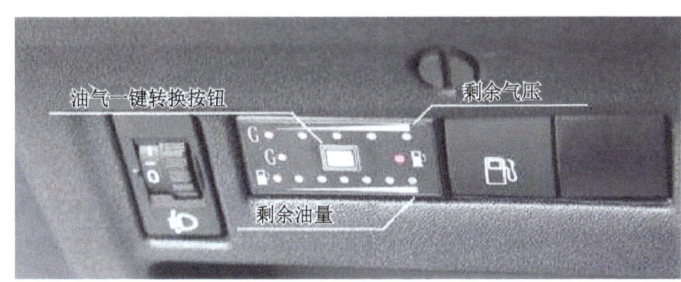

图 6-1-9 某车型安装的气压显示仪表

混合器可在减压器的调节下，根据发动机不同工况下产生的不同真空度，自动调节供气量使空气与天然气均匀混合，满足发动机的供燃要求。

动力阀可改变天然气低压管及截面积，调节混合气阀关断，原车供油系统恢复状态正常供油，发动机正常运转。控制系统主要由燃料转换开关组成，通过控制汽油电磁阀和燃气电磁阀的开关，实现供油供气选择。

尽管一般认为由于天然气积炭少，机油更换的次数可以少一些，甚至例行的维护也可以少做一些，但对汽车发动机和改装系统的定期维护可以保障天然气汽车与汽油车和柴油车相比具有更好的性能。

三、天然气汽车的特点

（1）天然气汽车是清洁燃料汽车。天然气汽车的污染排放大大低于以汽油为燃料的汽车，尾气中不含硫化物和铅，一氧化碳降低 80％，碳氢化合物降低 60％，氮氧化合物降低 70％。因此，许多国家已将发展天然气汽车作为一种减轻大气污染的重要手段。

（2）天然气汽车有显著的经济效益。可降低汽车运营成本。天然气的价格比汽油和柴油低得多，燃料费用一般节省50%左右，使运营成本大幅降低。由于油气差价的存在，改车费用可在一年之内收回。

可节省维修费用。发动机使用天然气作燃料，运行平稳、噪声低、不积炭，能延长发动机使用寿命，不需经常更换机油和火花塞，可节约50%以上的维修费用。

（3）比汽油汽车更安全。

首先，与汽油相比，压缩天然气本身就是比较安全的燃料。

这表现在：燃点高。天然气燃点在650℃以上，比汽油燃点（427℃）高出223℃，所以与汽油相比不易点燃；密度低。与空气的相对密度为0.48，泄漏气体很快在空气中散发，很难形成遇火燃烧的浓度；辛烷值高。可达130，比目前最好的96号汽油辛烷值高得多，抗爆性能好；爆炸极限窄。仅5%～15%，在自然环境下，形成这一条件十分困难；释放过程是一个吸热过程。当压缩天然气从容器或管路中泄出时，泄孔周围会迅速形成一个低温区，使天然气燃烧困难。

其次，压缩天然气汽车所用的配件比汽油车要求更高。

国家颁布有严格的天然气汽车技术标准。从加气站设计、储气瓶生产、改车部件制造到安装调试等，每个环节都形成了严格的技术标准。

设计上考虑了严密的安全保障措施。对高压系统使用的零部件，安全系数均选用1.5～4，在减压调节器、储气瓶上安装有安全阀，控制系统中安装有紧急断气装置。

储气瓶出厂前要进行特殊检验。气瓶经常规检验后，还需充气做火烧、爆炸、坠落、枪击等试验，合格后，方能出厂使用。

中外发展天然气汽车80多年来，从未出现过因天然气爆炸、燃烧而导致车毁人亡的事实证明，压缩天然气汽车是十分安全可靠的。

（4）CNG汽车的动力性略有降低。燃用天然气时，动力性略下降5%～15%。

（5）改装一次性投资较大。改装一辆CNG汽车需4 000～6 000元，但随着技术的不断进步，费用会继续降低。

第二节　太阳能汽车

太阳能汽车是一种靠太阳能来驱动的汽车。相比传统热机驱动的汽车，太阳能汽车是真正的零排放。正因为其环保的特点，太阳能汽车被诸多国家所提倡，太阳能汽车产业的发展也日益蓬勃。

到目前为止，太阳能在汽车上的应用技术主要有两个方面：一是作为驱动力；二是用作汽车辅助设备的能源。

（1）完全用太阳能为驱动力代替传统燃油，这种太阳能汽车与传统的汽车不论在外观还是运行原理上都有很大的不同，太阳能汽车已经没有发动机、底盘、驱动、变速箱等构件，而是由电池板、储电器和电动机组成。利用贴在车体外表的太阳能电池板，将太阳能直接转换成电能，再通过电能的消耗，驱动车辆行驶，车的行驶快慢只要控制输入电动机的电流就可以解决。目前，此类太阳能汽车的车速最高能达到100 km/h以上，而无太阳光最大续行能力也在 100 km 左右。

（2）太阳能和其他能量混合驱动汽车。太阳能辐射强度较弱，光伏电池板造价昂贵，加之蓄电池容量和天气的限制，使得完全靠太阳能驱动的汽车的实用性受到极大限制，不利于推广。复合能源汽车外观与传统汽车相似，只是在车表面加装了部分太阳能吸收装置，如车顶电池板，用于给蓄电池充电或直接作为动力源。这种汽车既有汽油发动机，又有电动机，汽油发动机驱动前轮，蓄电池给电动机供电驱动后轮。电动机用于低速行驶。当车速达到某一速度以后，汽油发动机起动，电动机脱离驱动轴，汽车便像普通汽车一样行驶。图 6-2-1 为太阳能和其他能量混合驱动汽车。

图 6-2-1　太阳能和其他能量混合驱动汽车

一、太阳能汽车的分类

实用型的太阳能汽车主要有两种：一是与比赛用车相近的专用车身上装载 5～7 m² 太阳能电池和 3～5 kW·h 的蓄电池汽车；二是在轻型且结构紧凑的专用车身上装载 2～3 m² 的太阳能电池和 5～9 kW·h 的蓄电池汽车。图 6-2-2 为参加阿塔卡马太阳能挑战赛的太阳能车。

图 6-2-2　参加阿塔卡马太阳能挑战赛的太阳能车

另外，还有一种实用型太阳能汽车，就是将市场上出售的小型乘用车改造后的电动汽车上装载 1.5～2 m² 的太阳能电池和 14～18 kW·h 的蓄电池的车。实用型太阳能车上的车载蓄电池，除应付天气变化外，还起到在太阳能电池电力不足时，配合太阳能电池一同工作的作用。

比赛用太阳能汽车的车身为了减少空气阻力，将其侧断面制成流线型；为了使车身更为轻便，大量使用了轻合金、复合材料等来制造。而且在车身表面搭载了面积为 7～10 m² 的太阳能电池。另外，为了应付太阳辐射量及天气情况的变化，增添了 3～5 kW·h 的蓄电池。

二、太阳能车的特点

太阳能电动车以光电代油，可节约有限的石油资源。白天，太阳能电池把光能转换为电能自动存储在动力电池中，在晚间还可以利用低谷电（220 V）充电；无污染，无噪声。因为不用燃油，太阳能电动车不会排放污染大气的有害气体；没有内燃机，太阳能电动车在行驶时听不到燃油汽车内燃机的轰鸣声。

与燃油汽车的比较优势。实用型太阳能动力车除行驶速度远低于燃油汽车外，与燃油汽车相比，还是有诸多优势的。

首先，太阳能电动车耗能少，只须采用 3～4 m² 的太阳能电池组件便可使太阳能电动车行驶起来。燃油汽车在能量转换过程中要遵守卡诺循环的规律来做功，热效率比较低，只有 1/3 左右的能量消耗在推动车辆前进上，其余 2/3 左右的能量损失在发动机和驱动链上；而太阳能电动车的热量转换不受卡诺循环规律的限制，90% 的能量用于推动车辆前进。

其次，易于驾驶。无须电子点火，只须踩踏加速踏板便可起动，利用控制器使车速变化。不需换挡、踩离合器，简化了驾驶的复杂性，避免了因操作失误而造成的事故隐患，特别适合妇女和老年人驾驶。另外，太阳能动力车采用创新前桥和转向系统，前后独立悬挂，四轮鼓式制动从时速 30 km 到突然刹车，刹车线不超过 7.3 m。

由于太阳能电动车结构简单，除了定期更换蓄电池以外，基本上不需要日常保养，省去了传统汽车必须经常更换机油、添加冷却水等定期保养的烦恼。小巧的车身，灵便转向，可以轻而易举地将车泊入拥挤不堪的都市停车场。

在都市行车，为了等候交通信号灯，必须不断地停车和起动，既造成了大量的能源浪费，又加重了空气污染，而使用太阳能电动车，减速停车时，可以不让电动机空转，大大提高了能源使用效率和减少了空气污染。

最后，太阳能电动车没有内燃机、离合器、变速箱、传动轴、散热器、排气管等零部件，结构简单，制造难度降低。

三、太阳能汽车的应用

到目前为止，太阳能在汽车上的应用技术主要有两个方面：一是作为驱动力；二是用作汽车辅助设备的能源。

1. 太阳能作为汽车的主要动力

这一应用方式，一般采用特殊装置吸收太阳能，再转化为电能驱动汽车运行。按照应用太阳能的程度又可分为如下两种形式。

（1）太阳能作为第一驱动力驱动汽车。完全用太阳能为驱动力代替传统燃油，是几代汽车工作者的梦想。1982 年澳大利亚人汉斯和帕金用玻璃纤维和铝制成了一部"静静的完成者"太阳能汽车（如图 6-2-3 所示）。该车顶部装有能吸收太阳能的装置，给两个电池充电，电池再给电动机提供电力。12月19日，两人驾驶着这辆车，从澳大利亚西海岸的珀思出发，横穿澳大利亚大陆，于1983年1月7日到达东海岸的悉尼，实现了一次伟大的创举。

图 6-2-3　"静静的完成者"太阳能汽车

还有一种概念上的太阳能汽车，这种汽车在车体上没有安装光伏电池板，只是配置蓄电池，而电能全部来自专门的太阳能发电装置。优点是外观与现有车辆类似，没有"另类"的感觉，缺点是要经常到太阳能电站充电，当然续行能力也受到限制。图 6-2-4 为采用太阳能充电板的充电站。

图 6-2-4　采用太阳能充电板的充电站

（2）太阳能和其他能量混合驱动汽车。复合能源汽车是一种采用太阳能和其他能量混合驱动的汽车。复合能源汽车在车表面加装了部分太阳能吸收装置，如车顶电池板，用于给蓄电池充电或直接作为动力源。

由于采用了混合驱动形式，带来了诸多好处。首先，因为有汽油发动机驱动，所以蓄电池不会过放电，蓄电池的容量只要满足一天使用即可，与全用蓄电池的车相比，其容量可减少一半，也减轻了车重；其次，城市中大多数车辆都处在低速行驶状态下，采用电动机驱动可最大可能地降低城市局部污染。

2. 太阳能作为汽车辅助设备能源

传统的小轿车，功率一般在几十千瓦左右，而太阳辐射功率至多 1 kW/m²，目前的光电转换效率小于30%。因此全部用太阳能驱动传统的轿车，需要几十平方米的接收面积，显然难以达到。但在传统汽车上可以用太阳能作为辅助动力，以减少常规燃料的消耗，而且现代汽车的电器化程度日益提高，各辅助设备的耗电量也因此急剧增加。这方面的应用主要有以下几种形式。

（1）太阳能用作汽车蓄电池的辅助充电能源。在轿车上加装太阳能电池后，可在车辆停止使用时，继续为电池充电，从而避免电池过度放电，节约能源。

日本应庆大学设计了一款叫作 Luciole（萤火虫）的概念车（如图 6-2-5 所示），它的颜色像萤火虫。这款车曾在北京展览过，车顶上贴有近一平方米的转换效率较高的光伏板，作用是辅助给 12 V 的电池充电，当 12 V 电池充满后，12 V 电池又会给主电池充电。电池充满电时，这辆概念车能行驶 800 km。

图 6-2-5　Luciole（萤火虫）概念车

（2）用于驱动风扇和汽车空调等系统。汽车在阳光下停泊，由于车内空气不流通，使得车体成了收集太阳能的温室，造成车内温度升高，车内释放大量的有害物质，从而使车内空气品质变糟。若加装太阳能装置，如加装太阳能风扇等，则可以为车辆在停泊期间无能耗提供新风并降温，保证车辆再次上路时有良好的空气品质。

汽车天窗的玻璃下方设置有太阳能电池，太阳能电池与设置的控制单元输入端相连接，输入端连接车辆空调系统的温度传感器，同时输入端还与蓄电池和点火器相连接。玻璃下方的太阳能电池吸收太阳能，经汽车天窗控制单元可对蓄电池进行充电，保证蓄电池的电能充足，同时延长蓄电池的使用寿命。而太阳能天窗带给消费者最直接的好处是，在夏天高温天气里，汽车在烈日下停车熄火，完全没有能源供给时，能自动调节车内温度。利用设置在天窗内部的太阳能集电板吸收阳光所产生的电力，经过控制系统来驱动鼓风机，将车厢外的冷空气导入车内，驱除车内热气，达到降温的目的。当驾驶者及乘员再打开车门及坐在座位上时，不会感觉热浪袭人、闷热难耐，汽车的空调系统可以在最短时间内将车内温度降至舒适的程度。同时可以改善车内的空气状况，冬天也可以减少车前挡风玻璃的结霜。根据资料显示，与没有通风降温的车型相比，安装了太阳能天窗的汽车驾驶室内的温度最高降低 20 ℃。利用太阳能供电，节能降温，十分有效地减少了汽车内由热所产生的"孤岛"效应。图 6-2-6 为配备了太阳能天窗的进口昊锐。

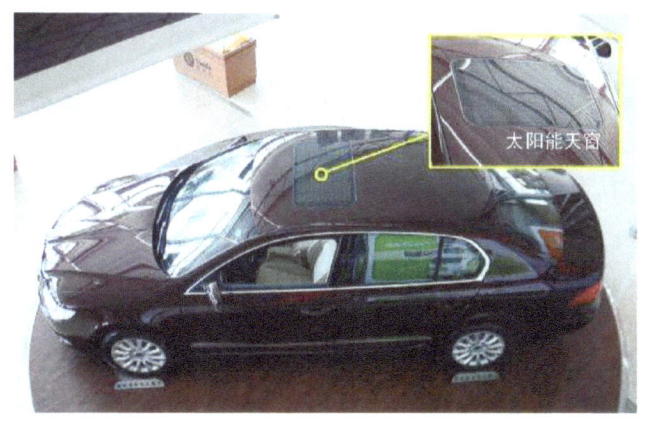

图 6-2-6　配备了太阳能天窗的进口昊锐

目前,在国内销售的车型中,奔驰 E 级,奥迪 A8、A6L、A4、途锐等部分车型都已配备了太阳能天窗。

第三节　风　力　汽　车

风力汽车,是指汽车可以根据风的方向自动行驶,驾驶员也可以通过驾驶舱内的特别配置来手动调节其车尾的"帆",进而改变车辆的行驶方向。有些风力汽车配置了风力发电机,可以在停车时为蓄电池充电。

图 6-3-1　"疾风探险者"号风力汽车

2011 年 2 月 14 日情人节这天,"疾风探险者"号风力汽车(如图 6-3-1 所示)结束约 5 000 km 的长途旅行,横穿整个澳大利亚大陆,顺利抵达终点站悉尼,这是这款原型车第一次接受如此重要的测试。值得一提的是,一路上它主要以风力和风筝为驱动力,而用于为蓄电池充电的花费只有区区 10 澳元。这辆名为"疾风探险者"号的风力车系由两名德国发明家德克·吉翁和斯蒂芬·西默尔合作研发,这是世界上第一辆适于上路的风力发电车。

一、风力汽车内部构造和原理

风力汽车主要靠风力和风筝驱动,"疾风探险者"号风力汽车类似赛车风格,拥有碳纤维车身和自行车轮胎,即使装入电池总重也大约只有 204 kg,没有电池时车身仅重 82 kg,远远轻于一般汽车,且速度可达 88 km/h 以上。

其主要动力来自锂电池,夜间利用便携式风力发电机为其充电,但有时会使用类似拖曳伞的风筝。

由于风力时断时续,吉翁和西默尔有时不得不在露营地或者自助洗衣店里为锂电池充电。据统计,全部约 5 000 km 旅程中,他们依靠风力驱动行驶了 2 414 km,依靠风筝拽动行驶了 482 km,依靠蓄电池的电力行驶了 2 092 km。尽管这款新车尚不能马上投入实际运用,可是却拥有广阔的前景,希望在未来 10 年里,它会有长足的发展。

二、各国的风力汽车

1. 美国的风力汽车

美国发明家里克·卡瓦拉罗和同事们制造了一款独特的风力驱动汽车,在顺风状态下其速度竟比风速还要快(如图 6-3-2 所示)。

图 6-3-2　美国发明家里克·卡瓦拉罗最新设计的风力驱动汽车

这一不同寻常的风力汽车在顺风测试中可达到风速的 2.86 倍,这一让人颇为费解的汽车设计在互联网论坛和高校引起了轰动。该设计理念源自 "DWFTTW 模型"。

卡瓦拉罗得到了谷歌公司和乔比能源公司的赞助,制造了这个风力汽车。该超轻型汽车采用 3 轮驱动,带有 5 米高的风力螺旋桨推进器,它主要采用泡沫材料制成,并模拟了方程式 1 赛车的空气动力学设计,螺旋桨推进器是使汽车在顺风状态下超过风速的关键性设计。

2. 英国的风力汽车

英国的一位动力工程师理查德·简金斯的"绿鸟"风力汽车(如图 6-3-3 所示)是世界上最快的风力汽车。它在风速仅为 48.2 km/h 的情况下,创造了 202.9 km/h 的世界纪录。

与传统的风帆汽车不同的是,"绿鸟"采用一种钢制驱动翼。这种驱动翼能够以与机翼

图 6-3-3 理查德·简金斯的"绿鸟"风力汽车

同样的方式产生向上提升的动力。整辆风力汽车几乎全部采用碳复合材料,唯一的金属部件就是翅膀和车轮的轴承。据简金斯解释,这种空气动力学设计和较轻的重量能够让"绿鸟"轻易达到风速的3～5倍。

"绿鸟"是简金斯实现梦想的第五件作品,其车身显得特别修长。简金斯一直在实验这种风力汽车,希望自己的作品能够不断创造纪录。他的风力汽车分别在英国、加拿大、美国和澳大利亚等国进行实验,以寻找合适的气候条件。为了等待一个理想的实验环境,简金斯和他的风力汽车曾经在澳大利亚苦苦等待过七个星期的时间。

3. 德国的风力汽车

虽然美国发明家里克·卡瓦拉罗认为风帆设计对汽车很不利,但是德国宝马公司认为风帆可以让汽车驾驶变得绿色而有趣,于是推出了名为"蓝色动力"的风帆型风力汽车。该车可以根据风的方向自动行驶,驾驶员也可以通过驾驶舱内的特别配置来手动调节其车尾的"帆",进而改变车辆的行驶方向。图 6-3-4 为宝马三轮风力汽车。

图 6-3-4 宝马三轮风力汽车

这款环保概念车是一款三轮车型,车尾的两个车轮向两端延伸,其驾驶舱顶部设置了一个类似帆船的船帆设计,驾驶舱前面是细长的车身。驾驶员通过可以掀起的前挡风玻璃进入驾驶舱内。该车的驾驶舱内配有风向计以及速度计,其最高速度可以超过每小时 200 km。

由于该车的风帆设计受风向和风速的影响很大,该车的娱乐功能大于实用功能,主要用于荒漠中飙车游玩。

第四节 核能汽车

石油不断地减少,为了解决可预期的能源危机,车商逐渐着手研究替换动力。美国科学家设想制造利用核燃料"钍"作为动力的核能汽车,只要少少 8 g,就相当于 6 万美制加仑(约 22.7 万 L)的油,足以让悍马车跑 155 万 km,几乎是只要加了一次燃料,就能撑到车子坏掉,重要的是,完全不会生成废气。图 6-4-1 为凯迪拉克的核能概念车。

图 6-4-1 凯迪拉克的核能概念车

"钍"是核能发电的燃料之一,与"铀"相比藏量丰富且状态稳定,只要经过加热就可以生成高热能。美国有研究人员成功利用激光加热"钍",生成电力驱动迷你涡轮,制造出超强发电机。

核能汽车,其实关键不在汽车,而在核能。而这显然不是汽车工程师能解决的问题,需要无数科学家的辛苦科研,将可控核反应堆变得更小、防辐射装置更轻盈、成本更低廉,那样我们开上核动力车的美梦才能成真。但科技的发展,不正在于充满无限的惊喜和不确定吗?几十年前,谁又能想到我们今天的生活会是这样呢?

 练习题

简答题
1. 简述天然气汽车的分类。
2. 简述天然气汽车、太阳能汽车、风力汽车、核能汽车的特点。
3. 简述风力汽车的工作原理。

第七章　车身轻量化

今天汽车赖以"生存"的汽油燃料提取自石油，而石油的储量正在日益减少，同时，人类对汽车的排放要求越来越高。因此，如何减少汽车的油耗这一问题越来越受到重视。

提升汽车燃效或者说降低油耗的方式有很多，目前看来，轻量化是最有效的手段之一。图 7-0-1 为宝马汽车的轻量化车身。

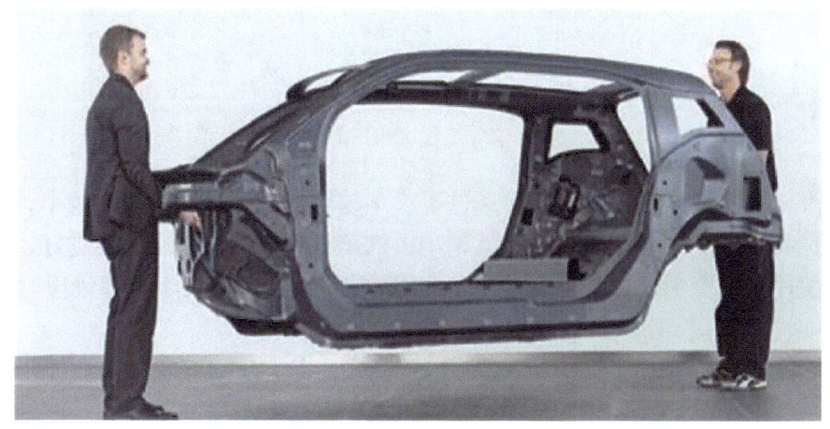

图 7-0-1　宝马汽车的轻量化车身

汽车行业在轻量化技术上的进展也是有目共睹的，从 30 年前一辆普通轿车的 2 千多千克的平均质量降低至现在的 1 千多千克。"轻量化"只是一个宽泛的概念，它涉及结构、材料、布局等方面。

第一节　车身轻量化的优势

轻量化车身一直是汽车行业中一个重要的发展方向。减小汽车自身质量是降低油耗最有效的措施之一。数据显示，汽车自重每减小 10%，NEDC 工况下能耗可降低 6%～8%，排放可降低 5%～6%。而燃油消耗每减少 1 L，二氧化碳的排放量减少 2.45 kg。

汽车的轻量化，就是在保证汽车的强度和安全性能的前提下，尽可能地降低汽车的整车整备质量，从而提高汽车的动力性，减少燃料消耗，降低排气污染。

实验证明，若汽车整车质量减小 10%，燃油效率可提高 6%～8%；汽车质量减小 1%，油耗可降低 0.7%；整车整备质量每减小 100 kg，百公里油耗可降低 0.3～0.6 L。图 7-1-1 为整车整备质量减小对排放和油耗的影响。

车身质量的减小对于汽车的碰撞安全性会产生一定的影响。从理论上说，汽车碰撞时的

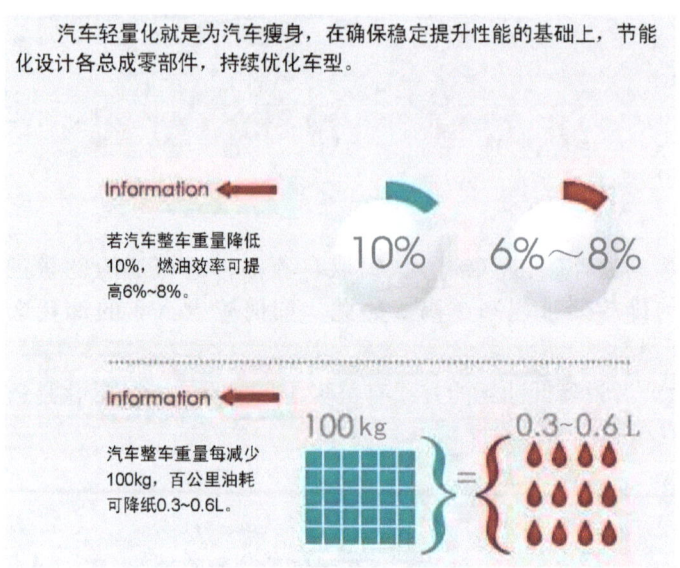

图 7-1-1 整车整备质量减小对排放和油耗的影响

冲击能量与汽车的质量成正比。在同等条件下汽车越轻，碰撞时冲击能量越小，车身结构的变形、侵入量和乘员受到的冲击加速度就越小，汽车对乘员的保护性能就越好、越安全。当然也要排除使用泡沫塑料代替吸能盒的黑心厂商。图 7-1-2 为汽车尾部碰撞时的车身受力示意图。

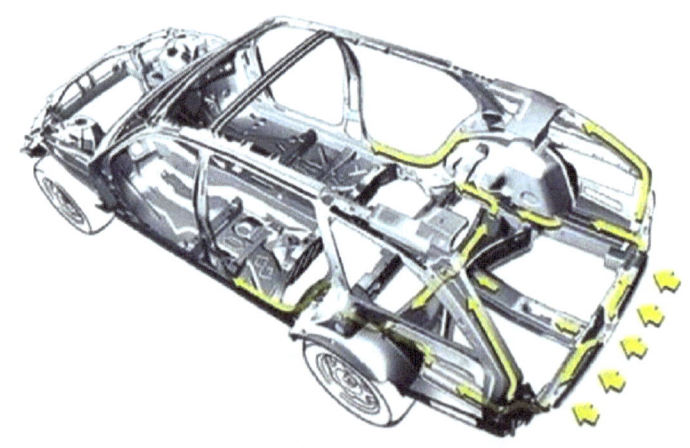

图 7-1-2 汽车尾部碰撞时的车身受力示意图

实际上，汽车的碰撞安全性不能用车的轻重和钣金覆盖件的薄厚来简单地衡量。对汽车碰撞安全性的评价，国内外都有相应的汽车被动安全性法规和标准。汽车的质量小，只要其碰撞吸能区结构设计、选材和连接方式合理，也能达到优异的被动安全性。汽车质量大，如果碰撞时缓冲、压溃、吸能和载荷传递不够合理，也不会取得好的被动安全性。

汽车制动时消耗的能量也与汽车质量成正比，汽车越轻，在以相同初速度刹车时，制动器要消耗的能量就越小，制动减速就越快，制动距离就越短，制动性能就会有明显改善，汽车主动安全性会变好。因此，合理的汽车轻量化不仅不会降低汽车的安全性，还有利于汽车安全性能的提升。图7-1-3为汽车前部碰撞时的车身受力示意图，图7-1-4为汽车前部防撞结构。

图 7-1-3　汽车前部碰撞时的车身受力示意图

图 7-1-4　汽车前部防撞结构

概括来说，如今市面上轻量化车身的技术大概分为以下三种。

一是汽车结构的轻量化优化设计，如结构拓扑优化、尺寸优化、形貌优化和多目标协同优化设计等。

二是应用高强度和轻质的新型材料，如应用高强度钢、先进高强度钢和超高强度钢，以及铝镁合金，工程塑料、纤维增强复合材料等。

三是采用先进的轻量化制造工艺技术，如激光拼焊、辊压成形、高强钢热成形、内高压成形等先进制造技术，以及结构胶粘接和异种材料铆接等先进连接技术。图7-1-5为激光拼焊的车身。

采用新型材料是汽车轻量化最直接有效的方法。

对于新能源汽车来说，除了减小车身质量之外，还有其他减小整车质量的方法。

1. 轮毂电动机（如图7-1-6所示）

汽车中最占质量的是什么部件？毋庸置疑，显然是发动机。发动机缸体、活塞、曲轴等各种组件均由高强度材料制成。它们需要经受住发动机运行时的高压与高温，而其缺陷在于这些组件的质量非常大，一辆普通乘用车的发动机至少重几百斤。

图 7-1-5　激光拼焊的车身

图 7-1-6　轮毂电动机

当汽车行驶时，发动机的转动能量由变速箱传递到两个或四个车轮上，实现这个过程还需要传动轴及更多的零部件，这同样会增大汽车的质量。

而若采用轮毂电动机的布局，则可以省去动力总成中的大部分组件，如发动机与变速箱。轮毂电动机直接安装在车轮内部。米其林和汽车公司 Venturi 在 2010 年合作推出了一款 Venturi Volage 概念车，其中就采用了轮毂电动机方案，米其林将其称为主动轮系统。该系统的强大之处在于，车轮内不仅有电动机，甚至连电子制动系统、主动悬架系统也都包含在内。

2. 小型化汽车电池

对于混合动力甚至纯电动汽车来说，有什么办法能够对其进行减重呢？许多车企的做法是从提供驱动能量的电池着手。最早的时候，人们利用铅酸电池为电动车供电，原因在于它的电极材料容易获得，制造简便。随着技术的进步，镍氢电池诞生，它与铅酸电池相比更轻，并且容量也更大，在混合动力电动汽车中有广泛应用。图 7-1-7 为新能源汽车的电池系统。

而随着燃效与环保法规收紧，车企希望通过电动车来达到最新的标准，那么，即便是镍氢电池也已无法达标。镍氢电池的能量密度与相对应质量的石化燃料能量密度无法比拟。

此时锂电池的身影逐渐映入工程师的眼帘，其由于高能量密度的特性被视为更有潜力的电池种类。不过其缺点在于，长时间暴露在高温下容易起火甚至爆炸。虽然发生此类情景的

图 7-1-7　新能源汽车的电池系统

概率不高,但在汽车这类产品中,一次起火事故足以阻碍其发展。

美国麻省理工学院的研究者正在试图通过替换电极材料来提升锂电池的稳定性。从目前来看,锂电池仍会在很长一段时间内作为电动车的首选动力源。

3. 线控系统

提到电气化车辆,人们自然而然就会想到依靠电动机驱动车轮。而电气化车辆的另一层含义在于传统车内机械系统被电子线束系统所替代,电子线束系统比传统机械部件要轻得多。汽车行业提出的"x-by-wire"指的就是线控传动、线控制动、线控转向等系统的总称。除了能够减小质量之外,线控系统的最大优势在于可以提升操控精确度。图 7-1-8 为应用线控技术的车辆。

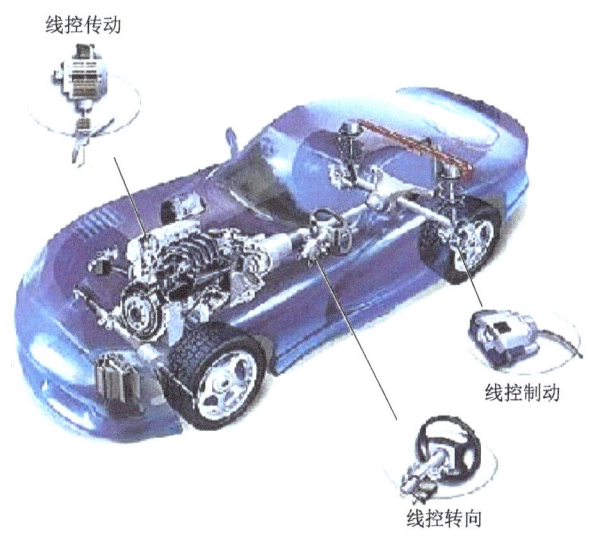

图 7-1-8　应用线控技术的车辆

线控技术最先用于战斗机,一度成为 F16 战斗机的标配,随后逐渐沿用至商用飞机,最后也出现在了汽车上。

线控系统占据车内的空间更小,意味着设计时有更多的设计自由度,车舱内的空间也能更宽裕。

然而，并不是每个人都喜欢电气化程度更高的系统，有的用户会担心汽车会像今天的计算机一样发生软件错误。实际上，这样的担心是多余的，即便是机械系统，它同样有其特定的问题，如磨损、腐蚀、断裂等。随着时间的推移与应用率的提高，人们最终会习惯这项技术。

第二节　车身轻量化常用的材料

常见的轻量化材料分为金属和非金属两大类。金属材料主要包括高强钢、铝合金、镁合金等；非金属材料主要包括工程塑料和复合材料等。提高汽车轻量化程度是各大厂家一直以来的目标，所以也就使铝制和碳纤维的材料更多地被运用到整体车身中。

一、铝合金

铝合金是目前汽车材料中应用最多的轻质材料，各项相关技术也比较成熟。铝具有良好的机械性能，其密度约为钢铁的1/3，易加工，导热性、耐腐蚀性好，铝合金强度高，同时具有良好的吸能性。据美国铝学会的报告，汽车上每使用0.45 kg铝就可减轻车重1 kg，理论上铝制汽车可以比钢制汽车减重40%左右。目前很多车型，如奥迪A8、捷豹XFL、特斯拉等均已采用全铝车身。图7-2-1为采用全铝承载式车身的本田NSX。

图7-2-1　采用全铝承载式车身的本田NSX

近年来，铝合金作为车身材料的加工方式的成本有所降低。以前都要将厚的铝合金板冲压成薄板再进行加工，现在引入了和钢板冲压类似的热冲压成形技术。

这对工艺的要求是十分严格的，由于摩擦力的作用，截面各处材料流动不均，容易在应力集中的地方产生急剧减薄而发生破裂的现象。协调好压边力与冲压力的关系，加上良好的润滑，是实现铝合金热冲压，降低材料成本的关键。

当然，铝合金作为大范围量产的轻量化材料固然理想，但也有其自身的缺点，如工艺复杂且后续维修费用高。

总的来说，铝合金材料可能会首先取代传统的钢材成为汽车轻量化的主要材料，但是由于焊接等一系列技术难题需要攻克，普通车企还不能把此类材料成熟地应用到汽车生产中。图7-2-2为奥迪R8车身构架，图7-2-3为采用全铝车身的特斯拉Model T。

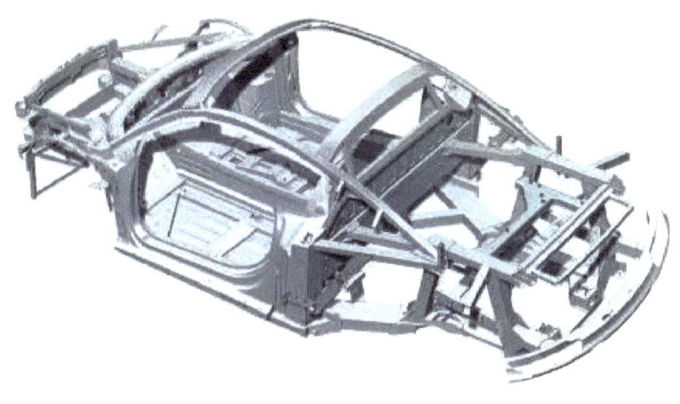

图 7-2-2　奥迪 R8 车身构架

图 7-2-3　采用全铝车身的特斯拉 Model T

二、镁合金

镁的密度约为铝的 2/3，在实际应用的金属中它是最轻的。镁合金的吸振能力强、切削性能好、金属模铸造性能好，很适合制造汽车零件。图 7-2-4 为镁合金构件。

镁合金铸件在汽车上使用最早的实例是车轮轮辋。在汽车上应用镁合金的实例还有离合器壳体、离合器踏板、制动踏板固定支架、仪表板骨架、座椅、转向柱部件、转向盘轮芯、变速箱壳体、发动机悬置、气缸盖和气缸盖罩盖等。

镁制车身板件的应用，可以实现更好的车身操控、更佳的性能表现，以及更经济的燃油成本，更轻的车身将在整体层面上提升车辆的性能。图 7-2-5 为采用镁制车身板件的 GMC 全地形皮卡车。

镁合金在汽车上的应用虽然很早就开始了，但是目前镁合金并没有广泛地推广开来。在制造加工方面，相比于铝制板材件，镁合金车身板件的成本要高出 3 至 4 倍。另外，由于镁合金板材的特殊性，在修复工艺方面与传统的钢铁板件存在一定差异。图 7-2-6 为奥迪的车身，该车身已开始逐步由铝合金过渡到镁合金。

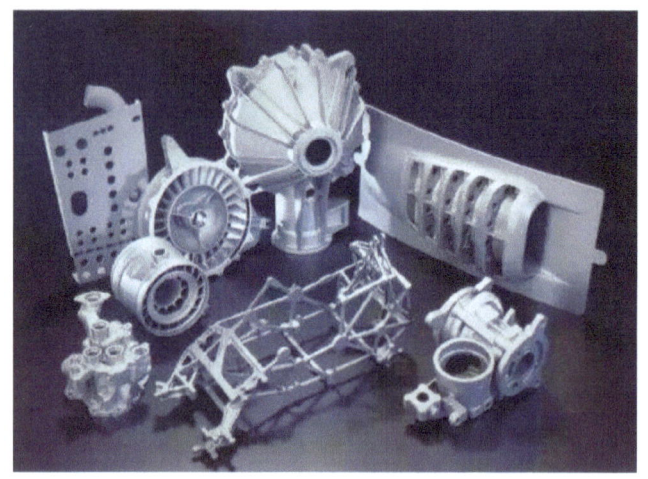

图 7-2-4 镁合金构件

图 7-2-5 采用镁制车身板件的 GMC 全地形皮卡车

图 7-2-6 奥迪的车身开始逐步由铝合金过渡到镁合金

三、高强度钢

高强度钢的应用成为汽车轻量化技术重要的发展方向。但由于高强度钢板材强度的提高，传统的冷冲压工艺在成形过程中容易产生破裂现象，无法满足高强度钢板的加工工艺要求。在无法满足成形条件的情况下，目前国际上正逐渐研究超高强度钢板的热冲压成形技术。该技术是综合了成形、传热及组织相变的一种新工艺，主要是利用高温奥氏体状态下板料的塑性增加、屈服强度降低的特点，通过模具进行成形。但是热成形需要对工艺条件、金属相变、CAE 分析技术进行深入研究。目前该技术已被国外厂商垄断，国内发展缓慢。图 7-2-7 为在车身上布置的高强度钢。

图 7-2-7 在车身上布置的高强度钢

当材料被冲压成形时，会变硬，不同的钢材，变硬的程度不同。金属在成形过程中，会变得完全不同，完全不像冲压加工开始之前。这些钢材在受力后，屈服强度会增加很多。材料较高的屈服应力加上加工硬化，将使得流动应力大大增加。因此，开裂、回弹、起皱、工件尺寸、模具磨损、微焊接磨损等成为高强钢成形过程中的问题焦点。

基于高强度钢的特点和特性，如果不能改变金属流动和减少摩擦，那么高强度钢的开裂和质地不均性都可能导致部件报废率的上升。图 7-2-8 为各种钢的强度。

但在汽车轻量化材料中，高强度钢板价格低，具有优越的经济性。采用高强度钢板在等强度设计条件下可以减少板厚，但是车身零件选定钢板厚度大都以元件刚度为基准，因此实际板厚减少率不一定能达到钢板强度的增加率，不可能大幅度地减轻车重。高强度钢板在汽车上应用的目的主要有增加构件的变形抗力、提高能量吸收能力和扩大弹性应变区。图 7-2-9 为大量采用高强度钢的高尔夫。

由于运用高强度钢板的经济性和相对容易性，各国都在加速高强度钢和超高强度钢在汽车车身、底盘、悬架、转向等零部件上的运用。世界钢铁协会汽车分会提出了新一代钢铁汽车的想法：更多使用高强度钢板，车身的质量将比以前减小 35%。

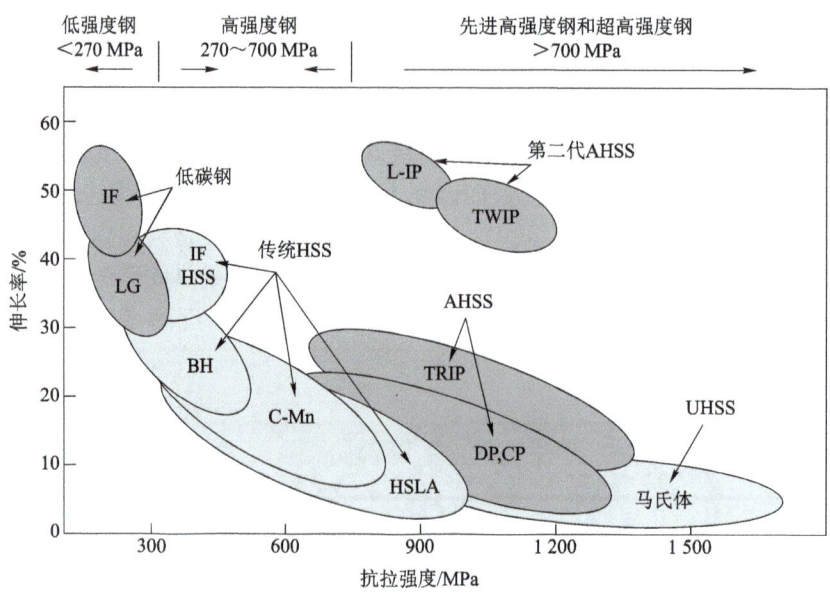

图 7-2-8　各种钢的强度

图 7-2-9　大量采用高强度钢的高尔夫

四、非金属复合材料

非金属复合材料主要是指碳纤维增强树脂基复合材料和有机纤维复合材料等,其具有密度小、耐腐蚀、耐疲劳、比强度和比刚度高、易成形、节能抗振等优点,主要应用于车身、车灯罩、保险杠等。图 7-2-10 为采用碳纤维车身的跑车。

碳纤维是一种含碳量在 95% 以上的高强度、高模量的新型纤维材料。碳纤维是一种力学性能优异的新材料,它的比重不到钢的 1/4,抗拉强度一般都在 3 500 MPa 以上,是钢的 7~9 倍,抗拉弹性模量为 23 000~43 000 MPa,也高于钢。但碳纤维材料也只是沿纤维轴方向表现出很高的强度,其耐冲击性却较差,容易损伤,所以在将其制造成为结构组件时往往利用其耐拉、质轻的优势而避免去做承受侧面冲击的部分。目前,民用车中使用碳纤维材料结构的并不多,多是集中在一些跑车上,这类汽车的价格往往十分昂贵。图 7-2-11 为碳纤维的制作工艺。

图 7-2-10　采用碳纤维车身的跑车

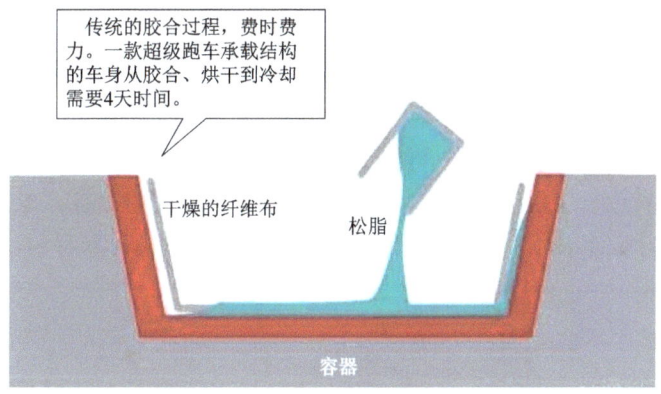

图 7-2-11　碳纤维的制作工艺

碳纤维材料本身并不昂贵,然而要把碳纤维加工成适合车辆行驶、碰撞的成品才是其真正价值所在。

虽然碳纤维增强合成材料既没有达到用化学制剂进行预处理的完美的菱形,也没有达到完美的坚固性,但是这种方法得到的材料强度仍然可以和钢媲美,更重要的是其质量只是钢材的 1/2。

碳纤维单体壳作为一种质量小、强度大、安全性高的车身结构,被广泛应用于性能车中。虽然现在还无法在民用车中普及,但在解决了原材料问题之后,相信距离其技术普及的时刻也就不远了。

以上我们列举了一些材料在轻量化中的应用,对于采用轻质材料的零部件,还可以进行布局进一步分析和运动干涉分析等,使轻量化材料能够满足车身设计的各项要求。相信不断进步的科技和制造工艺会让轻量化有更多的延展空间。图 7-2-12 为剎断碳纤维。

图 7-2-12　剁断碳纤维

> 缩短时间的方法是，使用单个的、部分是很短且很薄的剁断碳纤维，在松脂中浸湿，然后使其成形，再锻造。

第三节　车身轻量化的其他方法和发展趋势

通常汽车轻量化需要从材料和工艺入手。随着技术的发展，新材料、新结构和新工艺结合，诞生了一种特殊的轻量化车身材料——塑料。塑料的应用同时满足减小整车质量和成本两方面的需求，因此是汽车使用得最多的非金属材料，相关技术也比较成熟。塑料具有比重小、耐腐蚀、隔音隔热、比强度高、吸收冲击能量、成本低、易加工、装饰效果好等诸多优点，不仅能减重、降成本，而且对整车的安全性、舒适性和外观都有利。图 7-3-1 为汽车上可以用到塑料的地方。

图 7-3-1　汽车上可以用到塑料的地方

塑料在汽车行业有广阔的应用前景。目前世界上不少轿车的单车塑料用量已经超过 120 kg，个别车型还要更高，如德国奔驰高级轿车的单车塑料使用量已经达到 150 kg。国内一些轿车的单车塑料用量也已经达到 90 kg。可以预见，随着汽车轻量化进程的加速，塑料在汽车中的应用将更加广泛。从现代汽车使用的材料看，无论是外装饰件、内装饰件，还是功能与结构件，到处都可以看到塑料制件的身影。图 7-3-2 为形状复杂的车身外部覆盖件。

图 7-3-2　形状复杂的车身外部覆盖件

汽车工业的发展与塑料工业的发展密不可分。近年来汽车轻量化成为降低汽车排放、提高燃烧效率的有效措施，也是汽车材料发展的主要方向，它使塑料在汽车中的用量迅速上升。目前发达国家已将汽车用塑料量的多少作为衡量汽车设计和制造水平的一个重要标志。

统计显示，汽车一般部件质量每减小 1%，可节油 1%；运动部件质量每减小 1%，可节油 2%。国外汽车自身质量同过去相比，已减小 20%～26%。预计在未来的 10 年内，轿车自身的质量还将继续减小 20%。而塑料等轻量化材料的开发与应用，在汽车的轻量化过程中发挥着重大作用。图 7-3-3 为全塑车身。

图 7-3-3　全塑车身

汽车材料应用塑料的最大优势是减小车体的质量。一般塑料的密度为 $0.9 \sim 1.5 \text{ g/cm}^3$，纤维增强复合材料的密度也不会超过 2.0 g/cm^3。而金属材料的密度相对较大，如 A3 钢为 7.6 g/cm^3，黄铜为 8.4 g/cm^3，铝为 2.7 g/cm^3。这就使得塑料材料成为汽车轻量化的首选用材。从现代汽车使用的材料看，无论是外装饰件、内装饰件，还是功能与结构件，到处都可以看到塑料制件的影子。外装饰件的应用特点是"以塑代钢",减轻汽车自重,主要部件有保险杠、挡泥板、车轮罩、导流板等;内装饰件的主要部件有仪表板、车门内板、副仪表板、杂物箱盖、座椅、后护板等;功能与结构件主要有油箱、散热器水室、空气过滤器罩、风扇叶片等。

汽车轻量化,使包括聚丙烯、聚氨酯、聚氯乙烯、热固性复合材料、ABS、尼龙和聚乙烯等在内的塑材市场得以迅速扩大。近两年,车用塑料的最大品种——聚丙烯的用量不断增长。预计到2020年,发达国家每辆汽车平均用塑料量将达到500 kg以上。

目前国外汽车的内饰件已基本实现塑料化,塑料在汽车中的应用范围正在由内饰件向外饰件、车身和结构件扩展。今后的重点发展方向是开发结构件、外饰件用的增强塑料复合材料、高性能树脂材料与塑料,并对材料的可回收性予以高度关注。统计显示,全世界平均每辆汽车的塑料用量在2000年就已达105 kg,占汽车总质量的8%~12%。而发达国家汽车的单车塑料平均使用量为120 kg,占汽车总质量的12%~20%。如奥迪A2型轿车,塑料件总质量已达220 kg,占总用材的24.6%。图7-3-4为车身所用的塑料构件。

图7-3-4 车身所用的塑料构件

对于中国来说,塑料在汽车行业的应用尚处于初级阶段。目前,塑料等非金属材料在国产车上的应用状况还比不上进口车。在欧洲,车用塑料的质量占汽车自重的20%。与国外相比,国产车的非金属材料用量仍然偏少。国产车的单车塑料平均使用量为78 kg,塑料用量仅占汽车自重的5%~10%。

轻量化是一个循序渐进的过程,我们不可能看到这些铝合金、镁合金、塑料一下"攻城而上",这一方面是因为钢材的高韧性是其他轻金属材料达不到的,如奥迪A8的B柱里面有热成型钢内衬;另一方面,大范围地量产这些昂贵的工艺材料会影响到汽车的价格和销量。

自重轻的车可以节省能源、降低污染,更会降低交通事故的发生率。如果所有的轿车整体轻量化,整体动能降低,定会减小交通事故的伤亡率。所以从长远来看,轻量化必定是汽车发展的趋势。

 练习题

简答题

1. 车身轻量化技术有哪几种?
2. 简述减小新能源汽车整车整备质量的方法。
3. 简述车身轻量化常用的材料。

参考文献

[1] 石川宪二. 新能源汽车技术及未来［M］. 康龙云，余开江，译. 北京：科学出版社，2012.

[2] 日本自动车技术会. 汽车工程手册：10 新能源车辆设计篇［M］. 中国汽车工程学会，组译. 北京：北京理工大学出版社，2014.

[3] 雷迪. 电池手册［M］. 汪继强，刘兴江，等译. 北京：化学工业出版社，2013.

[4] 艾默迪. 汽车电力电子装置与电机驱动器手册［M］. 孙九，田光宇，杨正林，等译. 北京：机械工业出版社，2014.

[5] 景平利. 走进新能源汽车［M］. 北京：机械工业出版社，2017.

[6] 赵立军，佟钦智. 电动汽车结构与原理［M］. 北京：北京大学出版社，2012.

[7] 王文伟，毕荣华. 电动汽车技术基础［M］. 北京：机械工业出版社，2010.